LA TRANSITION AGROÉCOLOGIQUE GRÂCE AUX ÉCOLABELS

Alternatives rurales
Collection dirigée par Babacar Sall

Léo BATTINO, *Les méfaits du libéralisme sur les marchés agricoles*, 2006.
Jérôme BURIDANT, *Espaces forestiers et industrie verrière XVIIe-XIXe siècle*, 2005.
Hélène PAILLAT-JAROUSSEAU, *Une terre pour cultiver et habiter : anthropologie d'une localité de l'Ile de la Réunion*, 2001.
Emile-Michel HERNANDEZ, *L'entrepreneuriat*, 2001.

Amandine Autréau

La transition agroécologique grâce aux écolabels

Préface de Jocelyne Cayron

L'Harmattan

5-7, rue de l'École-Polytechnique, 75005 Paris

http://www.editions-harmattan.fr

ISBN : 978-2-14-027823-5
EAN : 9782140278235

« Nature n'endure mutations soudaines sans grande violence. »

Rabelais, *La Vie inestimable du Grand Gargantua*, 1534

« La croyance que rien ne peut changer provient soit d'une mauvaise vue, soit d'une mauvaise foi. La première se corrige, la seconde se combat. »

Friedrich Nietzshe, *La Naissance de la tragédie*, 1872

Remerciements

Je tiens à adresser mes sincères remerciements à ma directrice de mémoire, Madame Jocelyne Cayron, pour sa disponibilité, ses conseils, et pour m'avoir conforté dans le choix de ce sujet de mémoire au cours de ma formation.

Liste des abréviations

INRAE : Institut national de la recherche agronomique
FAO : Organisation des Nations Unies pour l'alimentation et l'agriculture
PAC : Politique agricole commune
OMS : Organisation mondiale de la santé
HVE : Haute Valeur Environnementale
LAAF : Loi d'avenir pour l'agriculture, l'alimentation et la forêt
EGALIM : Loi pour l'équilibre des relations commerciales dans le secteur agricole et alimentaire et une alimentation saine, durable et accessible à tous
RMQS : Réseau de Mesures de la Qualité des Sols
BDAT : Base de Données d'Analyses des Terres
ZRP : Zéro Résidu de Pesticides
HVN : Haute Valeur Naturelle
ANSES : Agence nationale de sécurité sanitaire de l'alimentation

Sommaire

Préface

Jocelyne CAYRON
Maîtresse de conférences, Faculté de droit et de science politique, Aix-Marseille Université
Directrice du Master Droit Rural des Affaires

Pour terminer leur cursus universitaire dans le cadre du master 2 droit rural des affaires de la faculté de droit et de science politique d'Aix-en-Provence, les étudiants sont invités à préparer un mémoire sur le sujet qui a retenu leur attention et sur lequel ils souhaitent approfondir leurs connaissances.

Depuis quelques années, les thématiques relatives au respect de l'environnement dans le cadre des activités agricoles deviennent plus fréquentes, ce qui établit l'attention que la nouvelle génération de jeunes professionnels porte à cette question.

C'est dans ce mouvement que s'inscrit le mémoire d'Amandine Autréau. La question qu'elle s'y pose est relative à l'utilisation, mais également à l'efficacité, d'un certain nombre de labels destinés à promouvoir et à garantir le respect de l'environnement dans les pratiques agricoles, et en particulier de celles du label Haute Valeur Environnementale.

Pour commencer son évaluation de ces labels, Amandine Autréau revient sur leur origine. Depuis la création du marché commun, l'activité agricole est organisée et régie par des textes européens. Dans une longue première phase, et au sortir d'une pénible période de restrictions alimentaires dues à la guerre, la politique agricole commune a d'abord eu pour but de nourrir les populations européennes, et d'assurer une production suffisante. Dans les années cinquante, à la faveur notamment du plan Marshall, les activités agricoles ont vu leurs méthodes se modifier. La mécanisation, l'utilisation massive des intrants chimiques associés au remembrement des terres agricoles ont considérablement changé le rapport des agriculteurs à la terre.
Cette politique productiviste a d'abord atteint son but : les Européens ont été nourris. Toutefois les mécanismes mis en place ont montré certaines limites et même des effets pervers. Dans certains secteurs le productivisme a conduit à une surproduction à laquelle il a fallu trouver des remèdes.

Amandine Autréau présente avec clarté les réserves et les critiques dont était l'objet cette forme d'agriculture. Elle montre que depuis plusieurs dizaines d'années des agronomes s'inquiétaient de l'appauvrissement des sols, et la modification des qualités nutritionnelles des produits ainsi obtenus. Plus récemment, ce débat s'est diffusé dans la société. Les consommateurs sont désormais plus attentifs à la qualité des produits qu'ils consomment mais également à l'incidence des modes de culture sur l'environnement. La bonne conservation des sols, des nappes phréatiques, des paysages agricoles sont devenus des questions qui intéressent le public, et donc le monde politique, qui est sommé de trouver des solutions.

L'une de ces solutions a paru être la création de marques ou de labels qui auraient permis aux consommateurs de repérer facilement les produits obtenus dans le cadre d'une agriculture respectueuse de l'environnement. On a parlé alors d'écolabels. Que signifient-ils réellement ? Quels sont les engagements pris par les agriculteurs qui les utilisent ? Quelle est la garantie qu'ils apportent au consommateur ? Ces questions sont examinées dans ce mémoire. L'auteur s'interroge également sur leur efficacité et leur pertinence. En effet, les produits agricoles connaissent depuis très longtemps un certain nombre de labels permettant d'attester d'une origine particulière (appellations d'origine) ou d'une qualité supérieure (label rouge). La question se pose alors de savoir si un écolabel apporte réellement une information supplémentaire, s'il a une valeur pour le consommateur, ou si cette superposition de titres de natures différentes ne peut pas faire craindre une dilution du sens de chacun d'eux.

À l'heure où, confronté aux difficultés d'approvisionnement dues à la spéculation sur les marchés internationaux agricoles, certains syndicats d'agriculteurs prônent un abandon partiel des exigences environnementales récentes, afin de privilégier la production de grandes quantités, la question de l'intérêt des écolabels pour le consommateur est d'une brûlante actualité, de même que celle de leur contrôle.

Le travail conduit par Amandine Autréau apporte un éclairage à la fois critique et bienvenu sur ces questions.

Introduction

« La terre est une, du levant au couchant. Elle est un seul et même être qui a nourri bien des hommes avant nous mais nous constatons aujourd'hui sa fatigue, surtout depuis que le ciel ne lui prodigue plus suffisamment d'eau et nous nous inquiétons pour l'avenir de nos enfants […][1]. »

1. Le constat de la dégradation de l'environnement

Notre terre nourricière se trouve dans un état extrêmement préoccupant, que l'on ne peut plus occulter. En effet, en octobre 2020, la Commission européenne a publié un rapport sur « l'état de la conservation de la nature dans l'Union Européenne ». Il fait état de la conservation de la biodiversité sur la période 2013-2018. Les constats de ce rapport sont très inquiétants. Selon Virginijus Sinkevičius, le commissaire chargé de l'environnement, des océans et de la pêche :
« Nous sommes en train de perdre notre système [...] de soutien à la vie. » Selon ce rapport, 81 % des habitats évalués sont considérés comme étant dans un état de conservation « insuffisant » ou « médiocre » alors que 36 % sont en « dégradation continue ». Les milieux les plus dégradés sont les pelouses, les tourbières et les dunes.

Mais la biodiversité la plus touchée est celle des terres agricoles. Selon la Commission, l'agriculture intensive reste l'une des causes principales de la dégradation de la biodiversité. Elle est responsable à hauteur de 48 % de la

---

[1] http://www.pierrerabhi.org/la-nature-sous-agro%C3%A9cologie

pression exercée sur les habitats par la pollution. De ce fait, on a pu constater, comparativement à 2015, que la majorité des habitats se dégradent. En effet, « la proportion d'habitats dont l'état est jugé « favorable » a diminué de 14 % à 12 %, tandis que les évaluations « médiocres » sont passées de 39 % à 45 %. Seuls 8 % des habitats agricoles enregistrent une tendance à l'amélioration, alors que 45 % connaissent une dégradation[2] ».

Ce rapport est la parfaite illustration du bilan catastrophique de l'agriculture intensive, dite conventionnelle, sur l'environnement, avec la baisse drastique de la biodiversité animale et végétale, la désertification, la destruction de l'humus qui est pourtant la source de la vie du sol…

En effet, depuis la « révolution verte » (c'est une « politique de transformation de l'agriculture fondée principalement sur l'intensification par l'utilisation de variétés de céréales à hauts rendements, d'engrais, de pesticides et d'irrigation[3] »), le sol est considéré comme un simple support pour les cultures, en occultant sa complexité physique, chimique et biologique. Ce rôle du sol si souvent négligé, dans l'agriculture conventionnelle, a eu pour conséquences de faire du secteur agricole, une activité contribuant en partie, à dégrader l'environnement.

Lydia et Claude Bourguignon, microbiologistes des sols et anciens chercheurs à l'INRAE, font un triste constat de la dégradation des sols, en raison, principalement, de l'irrigation, du labour et des engrais. Ces pratiques ont d'abord eu pour conséquences que l'état biologique des sols cultivés s'est dégradé avec la réduction de moitié de la

---

[2] Rapport de la commission européenne sur « L'état de conservation de la nature dans l'Union européenne » du 15 octobre 2020

[3] L., C. Bourguignon, *Manifeste pour une agriculture durable,* Actes sud, 2017, page 11

matière organique depuis 1950[4]. De ce fait, cela impacte la microfaune du sol qui en a besoin pour vivre. Par exemple, en à peine 50 ans, la population de vers de terre « est passée de deux tonnes par hectare à moins de 100 kg par hectare[5] ». Pourtant, ils sont essentiels à la vie du sol puisqu'ils permettent d'aérer le sol en remontant « son poids de terre tous les jours sous forme d'excréments[6] », riches en éléments nutritifs comme du fer ou de la potasse. En l'absence de cette faune, ces éléments ne sont plus retenus dans les sols et sont lessivés vers les nappes phréatiques et les cours d'eau.

Ensuite, au niveau de la dégradation chimique du sol, ces scientifiques ont constaté une acidification de celui-ci. Ce qui a pour effet que le complexe argilo-humique (argiles et humus), c'est-à-dire la matière organique composée des éléments nutritifs, est emporté par les eaux de ruissellements.

Enfin, il a pu être observé, une dégradation physique de certains types de sols agricoles, en raison de l'érosion des terres à la fois hydrique et aérienne. Ce sont les raisons pour lesquelles, ces dernières années de plus en plus de citoyens critiquent l'agriculture conventionnelle, et souhaitent une évolution vers davantage de respect de l'environnement, afin de produire une alimentation de qualité et locale. De ce fait, en France, les sols sont davantage étudiés, notamment grâce au RMQS (réseau de mesure de qualité des sols) qui a permis de constituer une base de données des analyses de terre, la BDAT. Ces mesures de la fertilité des sols ont commencé en 2010. Selon cet observatoire, la composition biologique et chimique des sols français est convenable.

---

[4] L., C. Bourguignon, *Manifeste pour une agriculture durable,* Actes sud, 2017, page 21

[5] *Loc.cit.*

[6] *Loc.cit.*

Cependant, ils nécessitent une attention régulière pour assurer leur conservation.

Comme l'illustre, les observations du RMQS sur cette décennie, de la fertilité biologique des sols (c'est-à-dire la matière organique), démontrent « qu'il y a de la vie dans tous les sols[7] ». Bien que celle-ci soit variable en fonction du type de terre. Par exemple, elle est moins importante dans les sables des Landes, comparée aux craies de Champagne.

Cependant, ces indicateurs étant nationaux, chaque agriculteur doit effectuer une analyse de ses propres parcelles afin d'ajuster les actions à mener sur son exploitation.

Ainsi, un nouveau modèle agricole apparaît de plus en plus comme une solution pour se diriger vers une agriculture durable. Il s'agit de l'agroécologie.

2. *L'histoire de l'agroécologie*

L'agroécologie est un concept scientifique ancien, qui est apparu au début du XXe siècle, dans les années trente, avec Basil Bensin (1881 – 1973), un agronome Russe. En 1940, il définit l'agroécologie comme « l'écologie appliquée de l'agriculture[8] ». Et il conçoit l'agroécologie comme une science de la conservation des sols. C'est pourquoi, il s'appuie sur trois piliers que sont les plantes, l'environnement, et la culture. En effet, il est le premier à voir une parcelle comme un écosystème. Il considère qu'il faut s'adapter au milieu géographique, et à son environnement. De ce fait, en 1928, il suggère que les

[7]https://www.terre-net.fr/observatoire-technique-culturale/strategie-technique-culturale/article/fertilite-quel-est-l-etat-des-sols-en-france-217-177453.html

[8] T. Doré, S. Bellon, *Les mondes de l'agroécologie*, Quae, 2019, page 7

nouvelles variétés de plantes soient sélectionnées « sur leurs caractéristiques d'adaptation au milieu et non sur leur potentiel de rendement[9] ».

En effet, selon Bensin, l'agroécologie doit non seulement prendre en compte l'environnement naturel mais également, les conditions économiques et sociales de la région. Enfin, il souhaite apporter aux agriculteurs des solutions adaptées à chacun pour améliorer leur production, et non pas des réponses uniformes applicables à tous.

Cette première conception de l'agroécologie servira par la suite de base à sa vision moderne.

Ensuite, la notion d'agroécologie n'a pas cessé d'évoluer.

Un contemporain de Bensin a également développé sa conception de l'agroécologie. Girolamo Azzi (1885-1969) a une définition différente de celle de Bensin.
Selon lui, « l'écologie agricole est l'étude du milieu physique — climat et sol — dans ses rapports avec le développement des plantes cultivées et de leur rendement, considéré du triple point de vue quantitatif, qualitatif et génératif [relatif à la qualité de la semence][10] ». Autrement dit, il ne faut pas se contenter de l'analyse des plantes, mais privilégier l'étude du milieu et de ses éléments qui interagissent avec elles. Cependant, il ne s'est pas intéressé aux conséquences des pratiques agricoles sur le milieu.

Cette approche de l'agroécologie est assez souvent reprise dans sa conception contemporaine.

Par la suite, Wolfgang Tischler (1912 – 2007), un zoologiste Allemand, a écrit un livre sur l'agroécologie dans lequel il se concentre sur la biodiversité. Il a réalisé des études sur les relations entre les insectes (ravageurs des cultures) et leur environnement. Par exemple, il a étudié

[9] *Loc.cit.*

[10] T. Doré, S. Bellon, *ibid,* page 9

« l'abondance des pucerons en fonction de la distance à des haies et des conditions climatiques[11] ».

Ainsi, il a permis d'inclure à l'agroécologie « la régulation biologique[12] » des insectes ravageurs afin de remédier à l'usage des produits phytosanitaires. Cette question est encore aujourd'hui au centre des préoccupations en matière d'agroécologie.

En outre, Karl Klages (1898-1967) a réalisé un apport majeur à l'agroécologie en prenant en compte « l'importance des facteurs culturels et sociaux dans la compréhension de la distribution des espèces et des variétés cultivées[13] ».

Enfin, Efraím Hernández Xolocotzi (1913-1991), ethnobotaniste Mexicain, a réalisé plusieurs travaux avec la participation des agriculteurs locaux, en se basant sur leur savoir et sur une approche écosystémique.

Cependant, ces différentes approches de l'agroécologie n'ont pas pu être mises en œuvre après la Seconde Guerre mondiale, en raison du besoin urgent de nourrir la population. C'est pourquoi l'agriculture européenne, et ailleurs dans le monde, a été industrialisée. En revanche, c'est à partir des années 1970, que l'agroécologie apparaît en tant que pratique agricole, et ce n'est que dans les années 1980 qu'elle va connaître un véritable essor, et sera plus largement diffusée à travers le monde. Notamment, grâce à des mouvements sociaux, c'est-à-dire de « campesino-a-campesino[14] » (de paysan à paysan).

---

[11] *Ibid*, page 11

[12] *Loc.cit.*

[13] *Loc.cit.*

[14] Holt-Giménez, Altieri, Compte rendu du symposium international de la FAO, « l'agroécologie pour la sécurité alimentaire et la nutrition », 18 au 19 septembre 2014, Rome

Cela a commencé par l'auteur emblématique en la matière, Miguel Altieri, professeur à l'université de Berkeley en Californie. Il est reconnu pour son premier ouvrage, *Agroécologie : bases scientifiques d'une agriculture alternative*, dans lequel il a posé cinq principes agroécologiques fondamentaux.

Il s'agit d'augmenter « l'accumulation de matière organique et le recyclage des éléments minéraux ; de favoriser l'activité biologique des sols ; de favoriser les mécanismes de régulation naturelle des populations d'adventices, d'insectes et d'agents pathogènes ; de minimiser les pertes de ressources (sols, eau, ressources génétiques) ; d'augmenter la biodiversité dans les agroécosystèmes, et les synergies entre leurs composantes[15] ».

Par la suite, d'autres auteurs vont apporter de nouvelles dimensions à l'agroécologie. Notamment Eduardo Sevilla Guzmán, un agronome Espagnol, qui intègre l'aspect sociopolitique à l'agroécologie. Il la décrit comme un mouvement de résistance face aux multinationales agricoles, et comme étant une alternative à un modèle agricole industriel, ou encore comme un mouvement de libération sociale et culturelle face au modèle capitaliste.

Enfin, Pierre Rabhi, un paysan et éleveur dans les Cévennes, intègre une vision spirituelle et philosophique à l'agroécologie. Il est aujourd'hui une figure emblématique et incontournable dans ce domaine. Il a exporté sa vision dans d'autres pays et notamment en Inde, ou encore au Burkina Faso où il a formé les paysans à ses pratiques agricoles. Il a remplacé les engrais chimiques par du compost réalisé à partir d'éléments naturels locaux, afin de réduire leur dépendance aux multinationales et redevenir des agriculteurs autonomes.

---

[15]T. Doré, S. Bellon, *Les mondes de l'agroécologie*, Quae, 2019, page 14

Selon lui, la terre nourricière est vitale pour l'humanité. L'humus est l'élément fondamental de la culture agricole.

Il fait de l'agroécologie une éthique de vie, dans laquelle il faut respecter la nature et la vie humaine. Selon lui, elle « est bien plus qu'une simple alternative agronomique. Elle est liée à une dimension profonde du respect de la vie et replace l'être humain dans sa responsabilité à l'égard du vivant[16] ».

Même s'il a créé davantage un « mouvement de transformation socio-écologique[17] » qu'une conception scientifique de l'agroécologie, il n'en oublie pas pour autant les modes de culture. En effet, il concentre son action sur la préservation des ressources, une production locale de qualité au sein de petite structure autonome. Il considère que l'agroécologie ne peut pas être mise en œuvre de manière uniforme pour tous les territoires. Chaque milieu (terre, végétaux) conduira à une solution agroécologique unique. Il faut « replacer l'acte agricole dans une cohérence avec la symphonie de la nature. […] Elle est une adaptation permanente, qui s'enracine dans l'inventivité des habitants d'un territoire[18] ».

De plus, dans ses pratiques agricoles, Pierre Rabhi a exclu le labour qui vient perturber l'écosystème du sol car cela enfouit les micro-organismes de la surface du sol. Il recommande donc un travail du sol pour l'ameublir, mais sans le retourner.

Afin de limiter l'érosion, le sol doit être couvert le plus possible durant l'année. Pour cela, il privilégie les végétaux avec un système racinaire profond qui permettront de retenir la terre (par exemple, les pois, des arbres). Il faut également cultiver plusieurs espèces végétales sur une

---

[16] T. Doré, S. Bellon, *Ibid*, page 18

[17] *Loc.cit.*

[18] P. Rabhi, *L'agroécologie, une éthique de vie*, Actes sud, 2015, page 10

même parcelle. Concernant la fertilisation du sol pour nourrir les plantes, il faut l'enrichir avec de la matière organique, c'est-à-dire du compost (déchets d'animaux, paille, végétaux…), pour avoir un produit qui se rapproche de l'humus, essentiel à la vie du sol.

Pierre Rabhi explique également que la diversité des semences est indispensable, car cela permet d'adapter les cultures à leur milieu, et de garantir une biodiversité riche et diversifiée. Ce que ne permettrait pas le travail des semenciers. Selon lui, seul l'agriculteur peut maintenir et contribuer à la diversité végétale car il connaît son environnement.

Ainsi, grâce à ces deux facteurs qui sont une bonne fertilisation du sol, stable et naturelle, grâce au compost qui se diffuse lentement et selon les besoins des plantes, et une semence adaptée à son milieu, cela réduit le risque d'attirer des ravageurs. Cependant, cela peut ne pas suffire. Dans ce cas, il faudra employer des produits naturels avec un faible impact sur l'environnement. Il peut par exemple s'agir de purin d'ortie, ou encore de macérats de plantes. On peut également planter d'autres végétaux qui auront un rôle de répulsif contre les parasites. Par exemple, on peut planter du céleri à côté du chou, car il va permettre d'éloigner la piéride (il s'agit de larves d'un papillon blanc qui mangent les feuilles de chou).

Il utilise également la « lutte biologique[19] » également appelée « lutte intégrée[20] » qui consiste à réguler la population des parasites grâce aux animaux qui s'en nourrissent, comme d'autres insectes ou des oiseaux. C'est la raison pour laquelle la plantation de haies ou de bandes enherbées à proximité des cultures est importante.

---

[19] P. Rabhi, *ibid,* page 3

[20] *Loc.cit.*

Enfin, il prévoit une gestion de l'eau qui n'impacte pas la ressource, notamment en utilisant le plus possible l'eau de pluie.

Ainsi, l'agroécologie n'est pas un concept unique et uniforme mais pluridisciplinaire, à plusieurs dimensions. Il n'y a donc pas qu'une seule définition de l'agroécologie et elle évolue au fil du temps.

L'agroécologie permettrait donc d'obtenir une meilleure fertilisation des sols, protéger la biodiversité, une bonne gestion de l'eau, d'éviter la désertification, et aux petits agriculteurs d'être autonomes, de ne plus dépendre des multinationales pour s'approvisionner en engrais ou en produits phytosanitaires, ni même en semences.

3. Les prémices de la réglementation de l'agroécologie

Cependant, l'agroécologie n'est pas une méthode préétablie, ni un ensemble de pratiques agricoles déterminées, ni un ensemble de règles. De ce fait, pendant longtemps, l'agroécologie n'a bénéficié d'aucune réglementation spécifique.

En revanche, en 2014, au niveau international, la FAO[21] a souhaité établir des lignes directrices pour l'agroécologie. De ce fait, elle a prévu cinq principes essentiels. Il s'agit du recyclage, de la diversité, de l'efficience et de la régulation. Mais elle est également régie par d'autres principes comme, « le partage de connaissances, les valeurs humaines et sociales, la culture et les traditions alimentaires, une économie circulaire et solidaire, et enfin, une gouvernance responsable[22] ».

---

[21]Compte rendu du symposium international de la FAO, « l'agroécologie pour la sécurité alimentaire et la nutrition », 18 au 19 septembre 2014, Rome

[22] http://www.fao.org/agroecology/knowledge/science/fr/

Par conséquent, selon la FAO, l'agroécologie est « la science de la mise en œuvre des concepts et principes de l'écologie pour la conception et la gestion de systèmes alimentaires durables[23] ».

Cette initiative de la FAO a été suivie par les états, puisqu'on a pu constater ces dernières années, que les politiques publiques européennes et françaises s'orientent vers la mise en œuvre de la transition agroécologique. Il s'agit « d'un changement de modèle agricole pour mettre en œuvre les principes de l'agroécologie et répondre ainsi aux crises que traverse ce secteur. Elle repose, en particulier, sur la création et mobilisation de savoirs issus de l'agroécologie, l'engagement des acteurs [...], et la territorialisation de l'agriculture impliquant notamment [...] l'alimentation locale[24] ».

En effet, l'Etat français, dans le cadre de la loi LAAF (loi d'avenir pour l'agriculture, l'alimentation et la forêt) du 13 octobre 2014, a inséré une définition de l'agroécologie dans le code rural et la pêche maritime à son article L 1, II : « Les politiques publiques visent à promouvoir et à pérenniser les systèmes de production agroécologiques, dont le mode de production biologique, qui combinent performance économique, sociale, notamment à travers un haut niveau de protection sociale, environnementale et sanitaire.

Ces systèmes privilégient l'autonomie des exploitations agricoles et l'amélioration de leur compétitivité, en maintenant ou en augmentant la rentabilité économique, en améliorant la valeur ajoutée des productions et en réduisant

---

[23]Compte rendu du symposium international de la FAO, « l'agroécologie pour la sécurité alimentaire et la nutrition », 18 au 19 septembre 2014, Rome

[24]https://dicoagroecologie.fr/encyclopedie/transitionagroecologique/#: ~ :text=La%20transition%20agro%C3%A9cologique%20d%C3 %A9 signe%20un,crises%20que%20traverse%20ce%20secteur.

la consommation d'énergie, d'eau, d'engrais, de produits phytopharmaceutiques et de médicaments vétérinaires, en particulier les antibiotiques. Ils sont fondés sur les interactions biologiques et l'utilisation des services écosystémiques et des potentiels offerts par les ressources naturelles, en particulier les ressources en eau, la biodiversité, la photosynthèse, les sols et l'air, en maintenant leur capacité de renouvellement du point de vue qualitatif et quantitatif. Ils contribuent à l'atténuation et à l'adaptation aux effets du changement climatique. »

Par ailleurs, la loi EGALIM (loi pour l'équilibre des relations commerciales dans le secteur agricole et une alimentation saine et durable) en date du 1er novembre 2018, a eu également pour objectif de favoriser l'agroécologie.

De ce fait, l'Etat a également défini 13 principes servant de base à l'agroécologie en France. Tout d'abord, le premier principe correspond à « l'intelligence collective[25] » qui renvoie par exemple à une mise en commun des connaissances. Ensuite, il y a la « couverture et la rotation[26] », c'est-à-dire la rotation des cultures favorisant le couvert végétal pour limiter l'érosion. Il y a également la préservation de la « biodiversité des sols[27] », ainsi que « l'adaptation climatique[28] », c'est-à-dire mettre en œuvre des pratiques qui permettent la séquestration du carbone de l'atmosphère dans le sol. Ensuite, il y a la « fixation de l'azote[29] » dans la terre, grâce à certaines plantes qui captent l'azote présent dans l'air. Ensuite, il y a le biocontrôle, qui est un « ensemble de méthodes de

[25]https://agriculture.gouv.fr/infographie-les-fondamentaux-de-lagro-ecologie

[26]https://agriculture.gouv.fr/infographie-les-fondamentaux-de-lagro-ecologie

[27] *Loc.cit.*

[28] *Loc.cit.*

[29] *Loc.cit.*

protection des végétaux par l'utilisation de mécanismes naturels[30] ». En outre, il y a la protection de la biodiversité, c'est-à-dire de la faune et de la flore.

Autre principe, avec la « synergie cultures-élevage[31] ». Il s'agit du cercle vertueux au sein d'une exploitation dans laquelle le fumier permet de fertiliser les terres, et les récoltes permettent de nourrir les animaux. Le principe suivant est l'agroforesterie, qui consiste à planter des arbres aux abords des cultures afin, notamment d'accroître la biodiversité. Il est également prévu de favoriser la pollinisation. Autrement dit, de protéger les insectes pollinisateurs comme les papillons ou les abeilles.

L'Etat souhaite également améliorer la « gestion de l'énergie[32] » et de l'eau, en privilégiant les énergies renouvelables, telles que la méthanisation ou le solaire, et en modifiant les pratiques culturales afin d'éviter l'érosion, et de favoriser l'infiltration de l'eau. Enfin, le dernier principe agroécologique français concerne les « semences durables[33] ». Pour cela, il est prévu de favoriser la création de nouvelles variétés permettant de s'adapter aux changements climatiques et de réduire l'usage des produits phytopharmaceutiques.

4. *L'émergence des certifications environnementales*

Par conséquent, avec l'importance croissante des enjeux environnementaux, de plus en plus de normes sont apparues afin d'assurer la protection de l'environnement, mais il s'agissait non pas de certifier un produit, mais une entreprise dans son ensemble.

---

[30] Site internet : consortium biocontrôle

[31] *Loc.cit.*

[32] *Loc.cit.*

[33] https://agriculture.gouv.fr/infographie-les-fondamentaux-de-lagro-ecologie

Effectivement, la certification permet la « reconnaissance et le contrôle de conformité réalisés dans le cadre et par application de la normalisation technique ; plus précisément, attestation, après vérification, de la conformité d'un produit ou d'un service à certaines caractéristiques qui sont définies, ainsi que les modalités du contrôle de conformité, par un document technique, nommé référentiel, service assuré, [...] par des organismes certificateurs indépendants [...][34] ».

Ainsi, une entreprise peut obtenir par exemple la norme Afnor NF-V01-007 qui a contribué à la création de plusieurs référentiels, et notamment dans le secteur viticole, avec par exemple Terra Vitis. Cette norme permet la réalisation d'une méthode de management relative à l'environnement au sein d'une exploitation agricole.

Il est également possible pour une entreprise d'être certifiée selon la norme ISO 14001 qui correspond à des conditions à respecter pour une méthode de management sur l'environnement, que devra mettre en œuvre l'entreprise afin de pouvoir atteindre des objectifs en matière environnementale.

Cependant, cette pluralité de normes environnementales est devenue trop complexe pour le consommateur. C'est la raison pour laquelle, l'Etat a fait le choix de créer des labels. Cela correspond à « un signe distinctif apposé sur un produit destiné à la vente ou accompagnant un service et garantissant une certaine qualité du produit (matière première, solidité, épreuves subies...) ou certaines caractéristiques du service [...][35] ».

Il s'agit notamment de label agricole, qui est un « signe distinctif valant attestation officielle de qualité supérieure dont peut bénéficier pour sa valorisation dans le commerce,

---

[34] G. Cornu, *Vocabulaire juridique*, 11ème édition, PUF, Paris, page 160

[35] G. Cornu, *Vocabulaire juridique*, 11ème édition, PUF, Paris, page 597

une denrée alimentaire ou un produit agricole non alimentaire non transformé [...] et qui repose sur l'affirmation que ce produit possède, à un degré supérieur, un ensemble distinct de qualités et de caractéristiques définies dans un cahier des charges [...][36] ». Comme le label biologique.

Mais plus spécifiquement, il s'agit d'écolabels. En effet, il existe l'écolabel européen, correspondant à NF environnement à l'échelle nationale française, qui permet de garantir « un niveau d'exigence élevé en termes de limitation des impacts des produits et services sur l'environnement et la santé, tout en maintenant leur niveau de performance[37] ». Pour cela il doit respecter plusieurs principes, tels qu'un cahier des charges aisément accessible par le consommateur, ou encore être certifié par un organisme indépendant.

Cependant, le terme d'écolabel renvoie également plus largement à « tout signe distinctif qui permet à l'acheteur de disposer d'information sur la qualité environnementale des produits[38] ».

Ainsi, dans le cadre de la mise en œuvre de la transition agroécologique, l'Etat français a créé un écolabel (certification environnementale), nommé Haute Valeur Environnementale (HVE), apparu à la suite du Grenelle de l'Environnement de 2007, et créé par la loi n° 2010-788 en date du 12 juillet 2010 portant engagement national pour l'environnement. En effet, le Grenelle avait créé « La Certification Environnementale des Exploitations Agricoles[39] ».

---

[36] *Loc.cit.*

[37] https://www.ecolabels.fr/quest-ce-quun-ecolabel/

[38] P.Méral, D.Pesche *Les services écosystémiques : repenser les relations nature et société*, Quae, 2016, page 213

[39] https://hve-asso.com/la-hve/

Par ailleurs, ces dernières années on a pu assister à un accroissement de la labellisation des exploitations sous le sigle HVE, grâce aux différentes politiques menées par l'Etat. Mais également à la création d'autres écolabels, en vue de favoriser la mise en œuvre de l'agroécologie et de la démocratiser auprès du consommateur.

Cependant, certaines de ces certifications font l'objet de fortes critiques, aux motifs qu'il s'agit d'une simple récupération marketing, et qu'elles ne permettent pas la mise en œuvre d'un véritable changement vers des pratiques agroécologiques.

Par conséquent, compte tenu des enjeux climatiques et environnementaux, et de la nécessité de changer de modèle agricole, il convient de se demander si la politique d'intensification de l'écolabellisation constitue un dispositif adapté pour permettre la transition agroécologique.

Ainsi, il est devenu nécessaire, et même urgent de développer l'agroécologie au regard du constat alarmant de l'état de l'environnement (dégradation des sols, chute de la biodiversité…). Cela dans le but de garantir la sécurité alimentaire ou encore la préservation des ressources naturelles. Cependant, malgré cet impératif et la création de certification environnementale, grâce aux politiques publiques, afin d'évoluer vers une agriculture durable respectant les principes agroécologiques (partie 1) ; il s'avère que cette intensification de l'écolabellisation est réalisée au mépris de l'agroécologie (partie 2).

Partie 1

Le développement de l'agroécologie devenu une absolue nécessité

Le modèle agricole actuel, industriel et mondialisé, ne répond plus aux besoins de la société que ce soit au niveau social, environnemental, ou en matière de la qualité de l'alimentation. Le bilan alarmant de l'agriculture intensive a conduit au cours du siècle dernier à l'émergence d'une nouvelle conception de la culture agricole, avec l'agroécologie.

En effet, notre système agricole en vigueur touche à son terme. Il nous faut donc changer de modèle afin de nous assurer pour l'avenir, une agriculture durable (chapitre 1). C'est la raison pour laquelle les pouvoirs publics ont dû faire de l'agroécologie une priorité dans le cadre de leur politique agricole (chapitre 2).

Chapitre 1

L'agroécologie pour une agriculture durable

L'agroécologie a une vision globale de l'agriculture. Elle ne se borne pas à changer les pratiques culturales pour préserver l'environnement. Il s'agit d'un mouvement social, économique, et environnemental. En effet, l'humain est au cœur de l'agroécologie. C'est pourquoi, elle a pour objectif premier de garantir un système alimentaire durable (section 1), mais également de favoriser la protection des ressources naturelles (section 2), notamment en privilégiant une gestion raisonnée.

Section 1 : L'assurance d'un système alimentaire durable

1. *La nécessité d'un système alimentaire durable*

Les détracteurs de l'agroécologie affirment que c'est une conception passéiste de l'agriculture, qu'on retourne à un mode de culture qui ne peut produire suffisamment pour nourrir la population mondiale qui ne cesse de croître. Selon leur point de vue, il est difficile de se passer des nouvelles technologies pour la protection des cultures, afin de pouvoir répondre à la problématique d'assurer un système alimentaire capable de nourrir les hommes dans la durée. Cependant, ce qui est occulté ici c'est que dans ce système alimentaire, il n'y a aucun changement dans les pratiques culturales ou de consommation. On continue de réduire la biodiversité en créant des variétés hybrides non reproductibles, et que les paysans doivent racheter tous les ans. On ne gère pas les ressources locales de manière raisonnée (par exemple à cause de l'irrigation). On n'améliore pas la fertilité des sols, afin de lutter contre l'érosion et les parasites, on continue d'utiliser des produits phytosanitaires qui nécessitent d'acheter du matériel coûteux. Par conséquent, cela oblige les agriculteurs à faire des investissements onéreux pour pouvoir continuer à faire leur métier. De ce fait, ils continuent d'être dépendants des multinationales.

Il y a toujours le problème de la pollution des cours d'eau, des terres agricoles et même de l'air, duquel en découlent d'autres problèmes, et notamment celui de la santé publique.

Par conséquent, notre système alimentaire actuel est confronté à plusieurs dangers qui le mettent en péril. Outre le fait que la démographie est en croissance constante, que les zones urbaines ne cessent de s'étendre sur des terres cultivables et qu'avec la mondialisation, l'on importe des produits comme le soja, qui contribuent à la déforestation, il y a surtout le changement climatique comme menace majeure.

Selon le symposium de la FAO de 2014, il a été prouvé que les pratiques agricoles agroécologiques permettent de s'adapter plus aisément à ces changements que l'agriculture conventionnelle, tout en maintenant une production avec des rendements suffisants, et préservant l'environnement. Malgré cela, ce mode de culture est compromis par la mondialisation qui ne souhaite produire que des aliments de base comme le riz ou le blé, au détriment des cultures endémiques. En effet, cette perte de biodiversité a pour conséquence de réduire l'adaptabilité des cultures aux changements climatiques.

Ainsi, on ne voit pas de changement vers une agriculture durable, respectueuse de l'environnement et plus juste au niveau social et économique. C'est pour ces raisons que l'agroécologie apparaît comme une alternative sérieuse à l'agriculture intensive.

Selon le professeur émérite d'agroécologie de l'université de Californie « l'agroécologie est l'écologie du système alimentaire[40] ». Cela signifie que ce modèle cherche à changer le système actuel pour qu'il soit plus durable. Aujourd'hui notre agriculture a eu pour effet de détruire des écosystèmes, et a eu des conséquences sociales néfastes, telles que la dépendance aux multinationales, et à l'échelle mondiale cela a engendré de la pauvreté, et une chute de la diversité biologique agricole.

2. Les différentes conditions pour obtenir un système alimentaire durable

Mais pour mieux comprendre l'objectif poursuivi par l'agroécologie, il faut tout d'abord comprendre ce que signifie l'expression « durable ».

Tout d'abord, cela fait référence au fait de devoir trouver un équilibre entre trois facteurs principaux, que sont l'économie, l'écologie et le social. Cela implique donc de nombreux changements dans l'ensemble de notre schéma agricole actuel, c'est-à-dire en ce qui concerne la production, la distribution, et la consommation. Et ce ne sera possible qu'en partageant les connaissances sur

---

[40] Compte rendu du symposium international de la FAO, « l'agroécologie pour la sécurité alimentaire et la nutrition », 18 au 19 septembre 2014, Rome, page 1

l'environnement, et celles des agriculteurs locaux par rapport à leurs expériences.

Dans le cadre de l'agroécologie, il s'agit également de définir les critères qui permettront d'amorcer de véritables changements face à l'agriculture industrielle. De ce fait, à la suite du symposium international de la FAO (Organisation des Nations Unies pour l'Alimentation et l'Agriculture) en date du 18 et 19 septembre 2014, plusieurs caractéristiques pour un système alimentaire durable ont été déterminées.

Tout d'abord, il faut minimiser son incidence sur les écosystèmes, et notamment en limitant la pollution des eaux des nappes phréatiques par des substances chimiques. Il est également exigé de diminuer davantage les émissions de gaz effet de serre (GES), en fixant le carbone dans le sol grâce aux plantes. Cela afin de réduire l'influence des activités humaines sur le changement climatique. Ensuite, il faut assurer la fertilité des sols. La gestion de l'eau doit également être raisonnée de sorte à assurer l'approvisionnement en eau du milieu concerné.

En outre, il faut privilégier l'usage des ressources locales, notamment en ce qui concerne les apports d'intrants. Ces derniers doivent être originaires ou provenir d'un endroit proche de l'exploitation. Par exemple, il peut s'agir du fumier d'un éleveur voisin. Il est également nécessaire de maintenir la diversité biologique des écosystèmes sauvages et de ceux créés par l'homme.

Par ailleurs, il est extrêmement important de garantir la sécurité alimentaire, afin de mettre fin à la malnutrition ou à des famines (surtout dans les pays les plus pauvres).

La FAO insiste également sur le fait qu'un système alimentaire durable doit avoir pour caractéristique essentielle d'établir une justice sociale, c'est-à-dire limiter les inégalités.

Enfin, le dernier critère minimum pour assurer la durabilité du système est de permettre un accès égal à tous aux connaissances, afin de permettre aux agriculteurs locaux de maîtriser leur culture et d'être autonome.

Cependant, lors de ce symposium, la FAO ne s'est pas contentée de déterminer les caractéristiques principales de la durabilité d'un système alimentaire, elle a également établi d'autres principes sociaux afin de garantir une alimentation durable.

En effet, il est nécessaire que les agroécosystèmes (c'est-à-dire les surfaces agricoles cultivées) soient mis en œuvre à petite échelle, afin de satisfaire en priorité aux besoins alimentaires locaux. Son but n'est pas de produire en grande quantité afin de vendre à d'autres pays, même si cela reste possible.

De plus, l'approvisionnement alimentaire des zones urbaines se fera grâce aux cultures agricoles situées à proximité.

La FAO suggère aussi de mettre en place une compensation financière versée pour les améliorations écologiques (diversité, eau non polluée, ou encore séquestration du carbone), mises en œuvre par les agriculteurs au sein de leurs exploitations.

Un système alimentaire durable doit également contribuer à changer les comportements de consommation, en réduisant le gaspillage alimentaire et de ce fait la surconsommation.

Enfin, les cultures dites traditionnelles resteront sous le contrôle des paysans locaux, puisque leur mode de production a déjà les bases nécessaires. Cependant, ils devront mettre en œuvre les pratiques culturales agroécologiques, afin de préserver leur capacité de production.

Par la suite, d'autres auteurs sont venus apporter leur point de vue sur l'alimentation durable grâce à l'agroécologie. C'est notamment le cas de Pierre Rabhi qui incite à être moins dépendant des ressources fossiles et surtout du pétrole, dont l'agriculture dépend pour pouvoir produire. Nous consommons trop d'énergies fossiles pour produire notre alimentation, ce qui démontre une mauvaise gestion des ressources naturelles. De plus, il affirme que l'agriculture doit retrouver une « cohérence avec son espace[41] ». Autrement dit, il faut que les élevages ne soient pas plus gros que la capacité des ressources locales pour les nourrir.

Enfin, une sécurité alimentaire durable passera par la connexion entre les villes et les campagnes. Les villes ne peuvent pas vivre sans le milieu rural. Il faut rétablir le lien entre les deux, pour que les urbains soient de nouveau en prise avec la réalité de la terre agricole. C'est pourquoi, les jardins collectifs, ou les potagers urbains peuvent avoir un rôle pédagogique et nourricier pour ces personnes.

Ainsi, un système alimentaire durable doit passer par un changement de modèle (section 1). En effet, il faut abandonner les conceptions de l'agriculture industrielle qui se concentrent sur le profit à court terme, en ignorant les aspects sociaux, et environnementaux. L'agroécologie apparaît comme la solution la plus durable à ce jour, puisqu'elle a pour but de garantir la durabilité du système alimentaire en tenant compte du social, de l'environnement et de l'économie, afin de trouver un équilibre entre ces trois critères. Mais ce qui est essentiel dans un système alimentaire durable, c'est de mettre en œuvre des principes

---

[41]P. Rabhi, *L'agroécologie, une éthique de vie*, Actes sud, 2015, page 31

sociaux afin de réduire les inégalités, et garantir l'équité d'accès à l'alimentation. Pour cela il faudra, par exemple avoir des exploitations à petite échelle, garantir le libre accès à la connaissance agroécologique, avoir une agriculture de proximité, récompenser les pratiques vertueuses pour l'environnement…
En effet, l'agroécologie a également pour but d'assurer la préservation des ressources naturelles (section 2), afin de garantir une meilleure productivité.

Section 2 : L'assurance de la préservation des ressources naturelles

1. *Un changement de modèle agricole*

« Les systèmes agricoles à forte intensité d'intrants et à forte intensité de ressources, qui ont entraîné une déforestation massive, [...] l'épuisement des sols [...], ne peuvent assurer une production alimentaire et agricole durable. Nous avons besoin de systèmes innovants [...] telles que l'agroécologie[42] ».

C'est pourquoi, il a été proposé en 2014 par les auteurs en agroécologie, Pretty et Bharucha, de développer le concept « d'intensification durable[43] ». Cela fait référence à un « processus ou système où les rendements agricoles sont améliorés sans impact environnemental nocif[44] ». Elles décident donc de marquer la césure avec l'agriculture intensive, puisque les modalités d'intensification agroécologique sont par exemple la fertilisation des terres agricoles, maîtriser la population de parasites par des

[42] http://www.fao.org/3/I9049FR/i9049fr.pdf, page 3
[43]Compte rendu du symposium international de la FAO, « l'agroécologie pour la sécurité alimentaire et la nutrition », 18 au 19 septembre 2014, Rome, page 41
[44] *Loc.cit.*

moyens naturels, et ne plus pratiquer le labour qui détruit la vie du sol.

En effet, la transition agroécologique suppose de modifier son raisonnement en matière de production. Il faut s'adapter à son environnement et aux ressources disponibles au sein du milieu. En revanche, ceci implique une incertitude pour l'agriculteur qui devra faire des essais, se tromper, avant de finir par réussir. Sans ce changement de pensée avec cette acceptation de l'incertitude, et de l'adaptation à son agroécosystème, la transition agroécologique des exploitations agricoles se fera difficilement.

En outre, l'agroécologie permet de trouver des solutions pour s'adapter aux changements climatiques, grâce à la diversité biologique. Elle est l'un des éléments majeurs pour y faire face, non seulement grâce au fait que certaines plantes peuvent s'apporter une protection mutuelle. Ce qui limite les apports en intrants, notamment en produits phytosanitaires ou en engrais. De ce fait, cela évite la pollution des cours d'eau. Mais cette diversité de végétaux doit être adaptée au milieu destiné à être cultivé, afin de limiter l'irrigation au maximum. En effet, planter une espèce végétale gourmande en eau dans une région sèche n'a pas de sens. Des plantes adaptées à leur agroécosystème permettent donc de préserver la ressource hydrique.

Par ailleurs, les microbiologistes du sol, Lydia et Claude Bourguignon, recommandent dans le cadre de leur travail pour une agriculture durable de se consacrer à la recherche « d'une génétique classique d'amélioration des plantes et des animaux[45] », c'est-à-dire ne plus créer d'OGM qui nuisent à la diversité végétale, mais également qui empêchent les agriculteurs d'exploiter librement cette

---

[45]L., C. Bourguignon, *Manifeste pour une agriculture durable,* Actes sud, 2017, page 66

ressource. Il s'agit de respecter l'évolution naturelle des plantes, de ne pas faire de modification contre nature, comme empêcher la reproduction ou les rendre résistantes à un pesticide.

D'autant plus que la diversité biologique permet d'accroître la couverture végétale des sols tout au long de l'année, afin de limiter l'érosion des terres agricoles, et ainsi préserver la fertilité du sol en évitant que la couche d'humus ne soit lessivée.

2. *Un modèle fortement dépendant des ressources disponibles*

Cet objectif de l'agroécologie de préservation des ressources naturelles s'explique du fait que ce mode de culture est très dépendant des ressources locales. En effet, la quantité d'eau disponible, la biodiversité existante, l'humus, sont essentiels à la mise en œuvre concrète de l'agroécologie.

Cette protection des ressources doit entraîner un cercle vertueux. Le sol est une ressource qui est au cœur de l'agroécologie, afin d'améliorer la productivité notamment. Ceci s'explique, grâce à la captation du carbone dans le sol par les plantes qui entraîne une amélioration de la faune et de la flore du sol, et donc de sa richesse. Pour cela par exemple, il est possible de mettre en place un système de récupération des déchets organiques (végétaux, alimentaires) afin de pouvoir par la suite les composter pour fertiliser les terres cultivées.

De plus, afin de garantir le maintien et la préservation du sol, Lydia et Claude Bourguignon proposent la mise en œuvre d'une mesure qu'ils qualifient d'urgente. Il s'agit de rédiger une « directive-cadre de protection des sols [46] ». C'est une suggestion intéressante car cela permettrait de

[46] *Manifeste pour une agriculture durable*, Actes sud, Lydia et Claude Bourguignon, page 66

faire reconnaître au niveau européen que le sol est une ressource vitale pour la pérennité de l'agriculture, et de facto de notre alimentation. On prendrait enfin conscience de son rôle clé dans le cadre de la production agricole, car c'est du sol dont dépendent la bonne santé des cultures et leurs rendements.

Ainsi, grâce à cette meilleure gestion des ressources, l'agriculteur peut réussir à avoir des rendements stables au fur et à mesure des années parce que les cultures résistent plus facilement au stress hydrique par exemple, donc on a plus besoin d'irriguer autant qu'avant. Elles s'adaptent mieux aux variations météorologiques, et peuvent aussi davantage résister aux insectes ravageurs et aux maladies.

C'est ainsi qu'au Burkina Faso, Pierre Rabhi a pu préserver la ressource hydrique si rare dans ce pays, en mettant en place les pratiques agroécologiques.

En effet, même si sur ce territoire l'agriculture traditionnelle est prépondérante, cela ne signifie pas pour autant qu'elle était en faveur de l'environnement et des paysans. Au contraire le trop grand nombre de bétail a épuisé le sol. Ceci s'explique du fait qu'il y a eu une déforestation trop importante, et un trop grand nombre de brûlis pour défricher les terres agricoles, auquel il faut ajouter la monoculture, et les effets du changement climatique, qui ont eu pour effet d'entraîner une importante érosion, ce qui a appauvri les sols et dans certain cas, cela a conduit à une désertification.

C'est pourquoi Pierre Rabhi a décidé d'appliquer les principes agroécologiques à une agriculture traditionnelle. Pour cela, il a mis en place des mesures afin de retenir l'eau dans le sol. Dans ce but, il a créé des petites digues, afin non pas de la retenir mais au contraire de permettre à l'eau de s'infiltrer dans le sol. Cette technique permet donc de lutter contre la sécheresse en permettant le stockage de la ressource hydrique dans les nappes phréatiques. Ainsi par la suite, il est possible de replanter la terre, afin que les systèmes racinaires des plantes maintiennent le sol et l'enrichissent en améliorant son humus.

Par conséquent, la préservation des ressources naturelles grâce à l'agroécologie est permise grâce, en premier lieu, à la protection du sol. En effet, du maintien de cette ressource organique dépend la conservation de l'eau, de la ressource végétale (arbres, herbes…), de la faune et de la flore du sol qui garantissent sa fertilité, Et toutes ces pratiques favorables à l'environnement permettent d'assurer un système alimentaire durable, ainsi que le respect de l'équilibre avec les aspects sociaux et économiques qui interagissent avec les agroécosystèmes (chapitre 1).

Certes l'agroécologie permet de préserver l'environnement, d'améliorer les conditions sociales et économiques des agriculteurs, mais elle pose plusieurs questions aux plus sceptiques. Notamment est-ce que l'agroécologie peut permettre de nourrir l'ensemble de la population ? Est-ce que ce modèle peut être généralisé afin de remplacer définitivement l'agriculture intensive ?

La réponse à ces problèmes s'avère être favorable. En effet, les pouvoirs publics européens et nationaux ont compris les enjeux auxquels est confrontée notre agriculture, et les solutions que peut apporter l'agroécologie.

C'est la raison pour laquelle, les autorités ont décidé de faire de l'agroécologie une priorité dans le cadre de leur politique pour l'agriculture. De ce fait, de nombreux programmes ont vu le jour afin d'orienter l'agriculture actuelle vers l'agroécologie, pour se diriger vers une agriculture et une alimentation durable (chapitre 2).

Chapitre 2

La transition agroécologique du monde agricole impulsée par les politiques publiques

Les pouvoirs publics ne peuvent plus écarter les problèmes dus aux changements climatiques, à la pollution de l'environnement, et qui par la suite, impactent le système alimentaire (sécurité sanitaire…). C'est la raison pour laquelle depuis plusieurs années l'Union Européenne tente de convertir l'agriculture à l'agroécologie (section 1). Mais la Commission européenne n'est pas la seule à vouloir impulser le changement du monde rural vers l'écologie et la durabilité. En effet, l'Etat français fait partie des pays membres les plus actifs en la matière, notamment depuis le Grenelle de l'Environnement en 2007 (section 2).

Section 1 : Promotion de l'agroécologie par l'Union Européenne

1. *La transition agroécologique de l'agriculture européenne grâce à la PAC*

Après la Seconde Guerre mondiale, l'Europe a eu un grand besoin de nourrir sa population et d'assurer son indépendance alimentaire. C'est la raison pour laquelle, lors de la signature du traité de Rome en 1957, les six États membres de la Communauté économique européenne décident de créer une politique agricole commune (PAC). L'article 39 du traité prévoit les principaux objectifs que devra poursuivre la PAC : « la garantie de l'indépendance alimentaire, l'augmentation de la productivité, la stabilisation des marchés et l'assurance d'un niveau de vie équitable des agriculteurs[47]. »

Cette PAC a permis de mécaniser et d'intensifier la production agricole. Elle a donc réussi son objectif d'assurer l'approvisionnement alimentaire de l'Europe.

Cependant, cette production intensive a eu des conséquences néfastes sur l'environnement, et fit l'objet de nombreuses critiques de la part des écologistes notamment. De ce fait, au début des années 2000, l'environnement est désormais pris en compte par la PAC.

En effet, cette « écologisation[48] » de la PAC s'est faite progressivement et de manière croissante au fil des ans. Tout d'abord, en 1999, la réforme de l'Agenda 2000 prévoit une nouvelle construction de la PAC. Cette dernière sera composée de deux piliers. S'agissant du premier pilier, il portera sur l'organisation commune des marchés (OCM) agricoles et les aides directes, et le second pilier traitera du développement rural qui comprend plusieurs objectifs, et notamment la préservation des ressources naturelles et la protection de la biodiversité.

Ensuite, l'accord du Luxembourg de 2003 intègre à la PAC un principe de conditionnalité des aides, ainsi que la création d'une certification environnementale.

Cependant, la véritable réforme de la PAC qui va intégrer de manière significative l'environnement est celle de 2014

---

[47]CAP eye « Histoire de la PAC » : https://capeye.fr/

[48]CAP eye, « PAC et l'environnement » : https://capeye.fr/

(la PAC 2014 est toujours en vigueur actuellement). En effet, la PAC est plus verte, grâce au verdissement, également appelé « paiement vert ». Cela est compris dans le premier pilier de la PAC sur les aides directes et vient donc en complément des versements de base. Il s'agit de conditionner la délivrance de certaines aides directes aux agriculteurs à la réalisation de pratiques agricoles favorables à l'environnement (eau, biodiversité et sol). En effet, dans le cadre du budget de la PAC 2014, 30 % des aides directes aux agriculteurs sont soumises à ce verdissement.

Cependant, pour pouvoir bénéficier de ces aides les agriculteurs doivent mettre en œuvre certaines pratiques, dont la diversification des cultures, les prairies permanentes et le maintien de la surface d'intérêt écologique.

Dans le cadre de la diversification des cultures, il s'agit de cultiver a minima deux ou trois cultures différentes, cela varie selon la taille de l'exploitation. Cela permet d'éviter que soient toujours cultivées les mêmes variétés sur une même surface, afin de ne pas épuiser les ressources du sol.

Concernant les prairies permanentes, il s'agit de terres agricoles non cultivées pendant un certain temps, afin de permettre la préservation de la biodiversité animale et végétale, ainsi que de la vie du sol (vers de terre…). La surface consacrée à ces prairies ne doit pas être inférieure à cinq pour cent de la surface totale de l'exploitation.

Enfin, le maintien d'une surface d'intérêt écologique est nécessaire lorsqu'une exploitation possède plus de 15 hectares de terres arables. Dans ce cas, il faudra a minima que cinq pour cent de cette surface soit une surface d'intérêt écologique, comme des bandes tampons (ce sont des bandes enherbées le long des champs et des cours d'eau afin de limiter l'érosion des sols et la pollution des eaux), ou encore laisser des surfaces en jachère (c'est-à-dire non cultivées).

Par ailleurs, le second pilier de la PAC sur le développement rural poursuit également deux objectifs de protection de l'environnement. Lesquels ont pour ambition de « restaurer, préserver et renforcer les écosystèmes tributaires de l'agriculture et de la foresterie[49] », ainsi que de « promouvoir l'utilisation des ressources et soutenir la transition vers une économie à faibles émissions de CO_2 et résiliente face au changement climatique dans les secteurs agricoles et alimentaires ainsi que dans le secteur de la foresterie[50] ».

Malgré toutes ces nouvelles mesures, il s'est avéré que cette PAC plus écologique n'a pas eu les effets escomptés sur l'environnement. En effet, selon un rapport de la Cour des comptes de l'Union Européenne en date de 2017, le verdissement de la PAC 2014 n'aurait permis de faire changer les pratiques agricoles que sur cinq pour cent de la surface agricole en Europe. De plus, la biodiversité a continué de se dégrader.

C'est la raison pour laquelle la protection de l'environnement est un enjeu qui est au cœur de la future réforme de la PAC 2020. En effet, le changement climatique et ses conséquences ne peuvent plus être ignorés par les autorités européennes. En outre, l'entrée en vigueur de l'accord de Paris (COP 21) impose une gestion durable de l'environnement, et doit donc être prise en compte par la future PAC.

Cependant, les débats de cette nouvelle PAC se sont déroulés dans un contexte particulier. Notamment avec la sortie du Royaume-Uni de l'Union Européenne qui a eu pour effet de diminuer le budget commun alloué à la PAC. De ce fait, les négociations pour le nouveau budget de la PAC sont difficiles et ont eu pour conséquence de reporter

---

[49]https://capeye.fr/reforme-de-la-pac/
[50]*Loc. cit.*

son entrée en vigueur, qui devait être à l'origine en janvier 2021, à janvier 2023. La dernière version de la nouvelle PAC fut votée par le Parlement européen le 23 octobre 2020.

Ainsi, ces constats d'échec successifs, comme l'illustre le rapport de la Commission européenne du 19 octobre 2020 ou encore le rapport de la Cour des comptes de l'Union Européenne de juin 2020, ont donc poussé les autorités européennes à renforcer la protection de l'environnement dans la PAC 2020.

Par ailleurs, toutes les politiques de l'Union Européenne doivent inclure les objectifs environnementaux européens. Et cela passe notamment par l'obligation pour le nouveau texte, d'être en adéquation avec la politique environnementale européenne qui se matérialise avec le « Pacte Vert pour l'Europe » du 11 décembre 2019. Ce dernier est la solution de l'Union Européenne face aux changements climatiques. En effet, il a pour objectif principal la « neutralité carbone[51] » d'ici 2050 (c'est-à-dire le zéro émission de gaz à effet de serre (GES)), ainsi que la réduction de 55 % des émissions de GES en 2030. Par ailleurs, l'Union Européenne souhaite que cet objectif devienne une obligation juridique devant être respectée par l'ensemble des acteurs économiques. Par exemple, il s'agira « d'investir dans des technologies respectueuses de l'environnement » ou encore « travailler avec des partenaires internationaux pour améliorer les normes environnementales mondiales[52] ».

Ce pacte est aussi appelé « Green Deal ». Il est composé de différentes stratégies environnementales, telles que la

---

[51]D. GADBIN, « le pacte vert, chance ou menace pour la PAC ? », droit rural, n° 486, octobre 2020

[52]Site de la commission européenne « Un pacte vert pour l'Europe » https://ec.europa.eu/info/strategy/priorities-2019-2024/european-green-deal_fr#domaines-daction

stratégie « de la ferme à la table » du 20 mai 2020, « pour un système alimentaire équitable, sain et respectueux de l'environnement », et la stratégie « Biodiversité pour 2030 » du 20 mai 2020. Ces textes sont considérés par l'Union Européenne comme étant complémentaires de la future PAC.

La stratégie « de la ferme à la table » poursuit différents objectifs, tels que « garantir que les Européens bénéficient d'une alimentation durable et abordable, lutter contre le changement climatique, protéger l'environnement et préserver la biodiversité, une rémunération économique équitable dans la chaîne alimentaire, et enfin, renforcer l'agriculture biologique[53] ».

Afin de pouvoir réaliser ces objectifs, cette stratégie environnementale prévoit la mise en place de différentes mesures. Par exemple, il s'agira de « réduire de 50 % l'utilisation et les risques des pesticides chimiques d'ici à 2030[54] », faire en sorte que l'agriculture biologique représente « 25 % de la superficie agricole totale[55] », ou encore réduire les quantités excessives de nutriments dans l'eau, l'air et les sols en diminuant les apports d'engrais de 20 % d'ici 2030.

En outre, selon la stratégie « de la ferme à la table », l'agriculture permettrait de réaliser la « transition vers un système alimentaire durable[56] ». Cependant, cela nécessitera un financement par des aides PAC, en partie, pour pouvoir être mise en œuvre.

De plus, ces deux stratégies prévoient également qu'il est nécessaire de mettre en place des « aides aux

[53]Site de la Commission européenne « de la ferme à la table » https://ec.europa.eu/info/strategy/priorities-2019-2024/european-green-deal/actions-being-taken-eu/farm-fork_fr

[54]*Loc.cit.*

[55]*Loc.cit.*

[56]*Loc.cit.*

investissements pour la séquestration du carbone et les aides à l'innovation et au transfert de connaissances pour promouvoir les systèmes de connaissances et d'innovations agricoles (SCIA) efficaces associant tous les acteurs de la chaîne alimentaire ». En effet, la captation du carbone dans le sol permettrait de réduire le taux de CO2 dans l'atmosphère, et les nouvelles technologies permettraient notamment de réduire l'utilisation des produits phytopharmaceutiques.

En outre, ces stratégies environnementales prévoient que le versement des aides aux agriculteurs est conditionné « à l'amélioration de leurs performances environnementales et climatiques[57] ». En effet, le système d'aides sera désormais orienté vers une obligation de résultat pour les agriculteurs et non plus vers une obligation de conformité.

Ce changement est dû à la volonté de la Commission européenne que les aides soient versées aux « agriculteurs qui en ont besoin et qui sont à la hauteur de l'ambition écologique plutôt que vers les entités et sociétés qui possèdent simplement des terres agricoles[58] ». Mais « cette obligation sera soigneusement évaluée dans les plans stratégiques et contrôlée durant toute la mise en œuvre[59] » (les plans stratégiques devront être établis par chaque État membre afin de mettre en œuvre la PAC).

En ce qui concerne la stratégie « biodiversité pour 2030 », il s'agit « d'un plan à long terme global, systémique et ambitieux visant à protéger la nature et à enrayer la dégradation des écosystèmes. C'est un pilier fondamental du pacte vert pour l'Europe et du rôle moteur joué par l'UE

---

[57] D. GADBIN, « Le pacte vert, chance ou menace pour la PAC ? », Droit rural, n° 486, octobre 2020

[58] *Loc. cit.*

[59] « Pacte vert, PAC et biodiversité : la nécessité d'une entente plus cordiale », Droit rural n° 486, octobre 2020, étude 29

en matière d'action internationale pour les biens publics mondiaux et les objectifs de développement durable[60] ».

Il s'agit donc d'un plan pour reconstituer la biodiversité sur l'ensemble du territoire européen avant qu'il ne soit trop tard, compte tenu de son état inquiétant. Pour cela des objectifs ambitieux sont prévus. Notamment créer des zones Natura 2000 à hauteur de 30 % de la surface terrestre, et 30 % du territoire maritime européen, afin de créer un réseau de zones préservées. De plus, cette stratégie prévoit la plantation de haies par exemple, afin de réduire l'impact des activités agricoles, c'est ce que la Commission appelle des « éléments de paysage à haute diversité[61] ».

Ainsi, de par sa volonté de préserver la biodiversité, de capter le carbone de l'atmosphère dans le sol, de réduire l'usage des produits phytosanitaires, de permettre une rotation des cultures, de mettre en place un système alimentaire durable, ou encore de privilégier les pratiques agricoles biologiques ; la future PAC 2023 démontre son intention de diffuser les principes agroécologiques à travers le territoire européen. Son but est clairement à terme de transformer l'agriculture européenne industrielle, en une agriculture agroécologique.

D'autre part, cette nouvelle PAC a déterminé plusieurs objectifs écologiques à atteindre en vue d'obtenir une agriculture agroécologique.

La PAC 2023 est basée sur neuf objectifs dont trois concernent la protection de l'environnement. Il s'agit « d'agir contre le changement climatique ; protéger l'environnement ; et préserver les paysages et la

[60] *Loc.cit.*
[61] *Loc.cit.*

biodiversité[62] ». Par conséquent, il s'agit de préserver les ressources naturelles, protéger la biodiversité et les écosystèmes (les habitats, les paysages…).

Par conséquent, la nouvelle PAC est plus exigeante en matière environnementale. Certains parlent même d'un nouveau verdissement. En effet, selon la Commission européenne les agriculteurs ont un rôle important en matière de protection de l'environnement.

De ce fait, ils devront protéger les sols riches en carbone comme les tourbières. La Commission exige également une réduction des apports en nutriments dans les sols (comme le prévoit la stratégie « de la ferme à la table »), afin de garantir la qualité de l'eau. Enfin, les agriculteurs devront mettre en œuvre une rotation des cultures plus variée. Il s'agira par exemple d'alterner entre céréales et oléagineux, ou entre céréales et légumineuses… De ce fait, un exploitant agricole ne pourra pas faire uniquement des céréales.

Afin de pouvoir réaliser de tels objectifs, chacun des États membres devra établir un « plan stratégique PAC[63] ». Ceci permettra d'adapter la mise en œuvre de la PAC aux spécificités nationales et régionales, ainsi qu'à leurs besoins. Chaque membre déterminera les actions à mettre en œuvre pour atteindre les objectifs fixés.

De plus, un nouvel outil environnemental est prévu par cette nouvelle PAC, dans le cadre du premier pilier. Il s'agit des éco-régimes (éco-scheme) qui sont « des systèmes de paiement visant à promouvoir la protection de l'environnement et du climat, qui seront financés par

---

[62]https://ec.europa.eu/info/food-farming-fisheries/key-policies/common-agricultural-policy/future-cap_fr#objectives : site de la commission européenne « l'avenir de la politique agricole commune »

[63]« La politique agricole commune après 2020 : ambition environnementale et simplification » site de la commission européenne : https://ec.europa.eu/info

l'enveloppe des paiements directs des États membres (pilier I de la PAC)[64] ».

Le contenu de ces programmes écologiques devra être rédigé par les États membres, ces derniers décideront également de la part de budget qu'il leur sera attribué. Ils pourront en réaliser un ou plusieurs. En 2018, ces éco-régimes pouvaient être réalisés de manière volontaire. Mais depuis le vote du Parlement européen du 23 octobre 2020, ces éco-régimes sont désormais obligatoires pour l'ensemble des États membres. Par exemple, ces programmes permettront aux états d'accorder des aides directes aux agriculteurs, afin de les encourager à changer leurs pratiques agricoles pour qu'elles soient favorables à l'environnement. Autrement dit, ils devront évoluer vers des pratiques agroécologiques.

Selon la Commission européenne, ces éco-régimes favoriseront la protection de l'environnement parce que les états déterminent leur contenu, et ils sont donc adaptés aux problématiques écologiques propres à chacun. Mais aussi parce que 30 % de la part du budget des aides directes devra être allouée à leurs mises en œuvre (seulement depuis le 23 octobre 2020, car auparavant les états étaient libres de déterminer le montant du budget pour les éco-scheme). Ce qui est censé favoriser la transition vers une agriculture durable.

De plus, le second pilier sur le développement rural prévoit également des mesures favorables à l'environnement. En effet, il est prévu que les agriculteurs seront récompensés s'ils participent aux « engagements agroenvironnementaux et climatiques[65] ». Il s'agit d'engagements sur plusieurs années, réalisés de manière

---

[64]« la politique agricole commune après 2020 : ambition environnementale et simplification » site de la commission européenne : https://ec.europa.eu/info

[65] *Loc.cit.*

volontaire, comme la conversion à l'agriculture biologique. Au sein de ce pilier, il y a également d'autres aides monétaires qui poursuivent l'objectif environnemental, telles que le soutien à l'innovation pour une agriculture de précision (il s'agit de technologies qui permettent notamment de ne pas dépasser la dose nécessaire d'intrants phytosanitaires ou de fertilisants).

En outre, depuis le vote du Parlement en octobre 2020, 35 % du budget du second pilier sera attribué à des mesures favorables à l'environnement et au climat. De plus, même si la destination d'une partie des subventions européennes peut être librement déterminée par les États membres, celle-ci reste malgré tout conditionnée au respect des objectifs environnementaux de l'Union Européenne.

Malgré cette volonté clairement affichée de réaliser la transition agroécologique de l'agriculture européenne, les mouvements écologistes et en faveur de l'agroécologie restent sceptiques face aux résultats que permettra cette politique. En effet, ils affirment que cela n'est pas suffisant pour impulser un véritable changement au sein de l'agriculture. Il faudrait aller plus loin. C'est pourquoi, des chercheurs ont élaboré un modèle agroécologique pour l'Union Européenne.

2. *Les approfondissements agroécologiques proposés pour l'agriculture européenne*

Pendant que la Commission européenne débat sur le contenu de la future PAC, l'IDDRI (Institut de Développement Durable et des Relations Internationales) a élaboré en 2018, avec des chercheurs en agronomie et en sciences sociales, le scénario TYFA (« Ten Years For

Agroecology »). Celui-ci décrit « un modèle d'agriculture européenne agroécologique[66] ».

Selon cette étude, il est possible de nourrir l'ensemble de la population européenne grâce à l'agroécologie pour 2050. Pour cela plusieurs mesures, considérées comme impératives, sont à appliquer au cours de la prochaine décennie, afin d'assurer la transition agroécologique et pouvoir envisager de manière crédible d'atteindre les résultats escomptés du scénario TYFA. À savoir, un système alimentaire durable pour l'ensemble de l'Union Européenne d'ici 2050.

Pour cela, il est nécessaire de modifier notre régime alimentaire. Les Européens ont une alimentation trop riche en protéines animales, comparée à ce qui est recommandé. En 2010, les Européens ont consommé près de 32 kg de viande par personne (hors volaille), alors que 17 kg suffisent pour satisfaire les besoins nutritionnels d'un individu. Autrement dit, il faut manger moins d'aliments issus de production animale (œufs, viande…), et davantage de produits végétaux comme les légumes, les protéagineux (par exemple des pois ou des fèves) ou encore des fruits.

Selon ce scénario TYFA, ce changement permettra de réduire de 40 % les émissions de gaz à effet de serre, en comparaison à l'année 2010. Pour pouvoir atteindre cet objectif, il est donc nécessaire de mettre fin à l'usage des produits phytosanitaires et des engrais chimiques, tout en mettant en place les méthodes de culture agroécologique, telles que la rotation des cultures, les prairies permanentes, la fertilisation des sols avec du compost, ou encore planter des arbres et des haies à proximité des terres agricoles.

---

[66] X. Poux, PM. Aubert, « Une Europe agroécologique en 2050 : une agriculture multifonctionnelle pour une alimentation saine », IDDRI, 2018, page 67

Finalement, cela contribuera à la préservation des ressources naturelles et de la biodiversité.

En faisant cela, il sera possible d'assurer une alimentation saine et durable au territoire européen d'ici 2050. Même s'il y a inévitablement, selon cette étude de 2018, une baisse des rendements entre 10 et 50 % en fonction des variétés cultivées, ils estiment que cela n'impactera pas la capacité de l'Europe, non seulement à pouvoir subvenir aux besoins alimentaires de sa population, mais également à avoir la faculté d'exporter des marchandises agricoles telles que le vin, ou les céréales. On peut penser que de nouvelles méthodes de protection des cultures non polluantes en cours d'élaboration, pourront être développées, comme les produits de biocontrôle. Ainsi, la quantité produite correspondra aux besoins alimentaires et économiques de l'Union Européenne.

Ainsi, depuis plusieurs années l'Union Européenne a intégré la protection de l'environnement, et de la biodiversité à la PAC, afin d'endiguer les problèmes écologiques. Malgré cela elle n'y est pas parvenue, et prévoit dans la nouvelle PAC pour 2023, d'y insérer des pratiques agroécologiques afin de promouvoir ce modèle à travers l'ensemble des pays membres (section 1). L'Union Européenne ne se détourne donc pas des enjeux environnementaux dans le domaine agricole, et tente d'impulser une transition agroécologique à l'échelle européenne. Mais là encore, ce nouveau verdissement de la PAC ne convainc toujours pas les écologistes et les chercheurs agronomes. Ils accusent la Commission européenne de donner une apparence agroécologique à la PAC, mais qu'en pratique les résultats espérés ne pourront être obtenus. C'est pourquoi, des approfondissements devront être mis en œuvre, et notamment mettre en place des mesures qui permettront de changer notre régime alimentaire. Ce dernier contribue actuellement, à consommer trop de ressources naturelles.

Cependant, la politique européenne n'est pas la seule à s'intéresser à l'agroécologie pour évoluer vers une agriculture durable. En effet, depuis le Grenelle de l'Environnement en 2007, la France a intégré la préservation de l'environnement dans sa politique, et depuis 2012, elle a fait le choix d'orienter l'agriculture vers l'agroécologie (section 2).

Section 2 : L'Etat français rendant l'agroécologie incontournable

1. Le projet agroécologique français

Le 18 décembre 2012, l'ancien ministre de l'Agriculture, de l'agroalimentaire et de la forêt, Stéphane Le Foll, décide de créer le projet agroécologique français.

Selon lui, il faut « engager notre agriculture sur la voie de la performance à la fois économique, environnementale et sociale, […] persuadé que nous pouvons et que nous devons faire de l'environnement un atout de notre compétitivité. […] Nous allons positionner la France comme le leader de l'agro-écologie[67] ».

Ce ministre pionnier en matière d'agroécologie en France, a fait le choix de diriger l'agriculture française vers cette voie car il y a une demande de plus en plus forte de la part de la société d'avoir une agriculture durable et respectueuse de l'environnement.

Dans le cadre de ce projet, Stéphane Le Foll s'est également appuyé sur la symbiose entre les trois piliers fondamentaux de l'agroécologie, c'est-à-dire l'environnement, le social et l'économie. En effet, il a initié

---

[67]https://agriculture.gouv.fr/le-projet-agro-ecologique-en-12-cles Stéphane Le Foll

la transition agroécologique pas seulement en ce qui concerne les pratiques culturales, mais également dans tous les autres aspects de l'agriculture, afin que l'ensemble de la filière et de la société s'engage dans cette conversion.

Pour cela, ce projet comprend douze domaines d'actions. Tout d'abord, il s'agit de réformer, avec le plan « enseigner à produire autrement[68] », la formation des agriculteurs en intégrant aux programmes d'éducation, l'enseignement des pratiques agroécologiques. Ce qui permettra de diffuser plus largement ce modèle et ainsi, faire en sorte que les jeunes agriculteurs adoptent dès le début de leur carrière une production plus saine.

Ensuite, il est prévu de « développer et animer des projets collectifs[69] », afin de permettre aux agriculteurs qui souhaitent se convertir à l'agroécologie, d'échanger avec d'autres. Mais il prévoit également depuis la loi d'avenir pour l'agriculture, l'alimentation et la forêt du 14 octobre 2014, le développement de GIEE (groupement d'intérêt économique et environnemental) ou GIEEF (groupement d'intérêt économique et environnemental forestier). Ces structures ont pour but de mettre en place des pratiques agroécologiques sur un large territoire. Il s'agit de créer des programmes de préservation des sols, de rotation des cultures, de diversification biologique, d'assurer que les élevages puissent se fournir eux-mêmes en alimentation pour leur bétail sans dépendre des importations, ou encore de planter des haies… Depuis, cette structure a connu un certain succès puisqu'entre 2015 et 2021, 527 GIEE furent

---

68 https://agriculture.gouv.fr/sites/minagri/files/ae-12cles-v4_150.pdf, page 4

69 https://agriculture.gouv.fr/sites/minagri/files/ae-12cles-v4_150.pdf, page 6

créés[70]. Ce qui correspond au total à 9 500 agriculteurs et 8 000 exploitations.

Ensuite, ce projet a pour ambition de diminuer l'usage des pesticides, afin non seulement de protéger la santé de ceux qui les utilisent tout au long de l'année, ainsi que celle des consommateurs, mais également de protéger les écosystèmes locaux (nappes phréatiques, la faune et la flore du sol, les insectes et notamment les abeilles…).

Il est également prévu d'accompagner les agriculteurs dans cette transition en leur apportant des conseils, grâce notamment aux experts des chambres d'agriculture qui sont présents sur l'ensemble du territoire national, ainsi qu'au diagnostic agroécologique. Il s'agit d'un outil mis à la disposition des agriculteurs, gratuitement et en ligne (https://www.diagagroeco.org/), qui leur permet d'évaluer l'engagement de leur exploitation dans le cadre de leur transition agroécologique. Autrement dit, c'est un outil d'accompagnement dans leur démarche pour pouvoir réfléchir aux nouvelles pratiques qu'ils doivent appliquer, afin d'améliorer leur performance écologique. En outre, il est possible pour les agriculteurs de bénéficier d'aides sous la forme de dotation, notamment grâce à la PAC.

Ce projet prévoit également de favoriser l'agriculture biologique, car elle est en accord avec les pratiques agroécologiques.

Il est également question « d'engager et mobiliser les filières et les territoires[71] ». Il s'agit de créer une mobilisation sur l'ensemble d'une région, d'un département, d'une commune, entre les collectivités territoriales, les habitants et les acteurs de la filière agricole.

---

[70] A. Carpon, « Dans l'Eure, Emmanuel Macron en promoteur de l'agro-écologie », 12 janvier 2021, Terre-net Média

[71] https://agriculture.gouv.fr/sites/minagri/files/ae-12cles-v4_150.pdf, page 16

De plus, il est envisagé de baisser l'usage des antibiotiques vétérinaires car leur emploi excessif peut avoir un impact néfaste sur la santé humaine. En effet, il s'est développé ce qu'on appelle l'antibiorésistance (les antibiotiques ne font plus effet, et ne permettent donc plus de soigner les patients dans certains cas).

Ce projet prévoit également qu'il faudra désormais utiliser des « semences adaptées[72] » à leur milieu, au climat local, afin de garantir leur adaptabilité face aux changements climatiques, et la diversité biologique. Pour cela, un « plan semences et agriculture durable[73] » fut créé avec sept objectifs en accord avec le plan Ecophyto II (en date de 2015 qui avait pour but de réduire de 50 % la quantité de pesticides utilisés dans les cultures en France d'ici 2018, et de favoriser les produits alternatifs aux pesticides. Depuis, il a été mis en œuvre le plan Ecophyto II + en 2019 avec pour objectif de réduire de 50 % l'usage des pesticides d'ici 2025). Ces principaux axes d'action sont notamment la création de « critères environnementaux d'évaluation des variétés[74] », ou encore la préservation de la génétique végétale.

Ensuite, dans le cadre de ce projet agroécologique, un programme essentiel fut mis en œuvre en décembre 2015, à la suite de la COP 21. C'est « l'initiative 4 pour 1000 : des sols pour la sécurité alimentaire et le climat[75] » afin de maintenir et de restaurer la fertilité des sols, tout en favorisant le stockage du carbone dans le sol. En effet, la séquestration du carbone doit permettre de réduire les gaz à effet de serre présent dans l'atmosphère et ainsi de lutter

---

[72]https://agriculture.gouv.fr/sites/minagri/files/ae-12cles-v4_150.pdf, page 20

[73]*Loc.cit.*

[74]*Ibid*, page 21

[75]*Ibid,* page 22

contre le réchauffement climatique. C'est la raison pour laquelle « 4 pour 1000 » renvoie « au taux de croissance annuel de 0.4 % du stock de carbone dans les sols qui permettrait de stopper l'augmentation actuelle du CO2 dans l'atmosphère[76] ». Mais c'est également un programme de recherche international pour élaborer de nouveaux moyens de stockage du carbone (exemple : la couverture permanente des sols).

Stéphane Le Foll a également prévu dans son projet de développer l'apiculture en France, car la pollinisation des cultures et un tiers de notre alimentation dépendent des abeilles. Or, la population d'abeilles est en déclin en raison notamment du frelon asiatique, mais aussi des produits phytosanitaires, De ce fait, lors de la création du projet agroécologique français, un plan de développement durable de l'apiculture fut mis en œuvre afin de pouvoir investir dans la recherche, et dans l'installation d'apiculteurs,

Enfin, le dernier domaine d'action de ce projet agroécologique est l'agroforesterie. Il s'agit d'une pratique culturale permettant d'assurer une symbiose entre les cultures agricoles et les arbres plantés à côté. Outre, le fait que les arbres permettent de limiter l'érosion, ou de séquestrer du carbone dans le sol, ils permettent surtout de limiter l'usage de pesticides car ils servent d'habitat à des insectes et animaux qui se nourrissent des ravageurs des cultures.

2. *Un projet agroécologique en évolution*

Le nouveau gouvernement, n'a pas abandonné le premier projet. En effet, le 27 juillet 2017 ont eu lieu les États généraux de l'alimentation, et ils se sont conclus en décembre 2018. Cet évènement avait pour but de réfléchir à la création d'une alimentation durable. C'est dans ce cadre

---

[76] *Ibid*, page 23

que fut évoquée l'agroécologie dans ses aspects économiques et sociaux. En revanche, les changements des pratiques agricoles n'ont pas été au centre des débats.

Par la suite, en 2019, le nouveau ministre de l'Agriculture a confirmé la volonté du gouvernement de poursuivre la transition agroécologique. Effectivement, le président de la République considère que l'agroécologie est « absolument critique pour la protection de l'environnement, la sécurité alimentaire, et la réduction des inégalités ». « Plutôt que d'opposer biodiversité et production agricole, l'agro-écologie propose une approche intégrée innovante, permettant d'augmenter durablement la productivité agricole, et d'offrir des externalités positives[77] ».

Dans le cadre de cette ambition de « cultiver et protéger autrement », plusieurs objectifs ont été déterminés. Notamment, celui de diminuer de 25 % l'usage des produits phytosanitaires pour 2022, et de 50 % en 2025. Dans ce but, un programme de recherche sur les biocontrôles par exemple, est financé par l'Etat. De plus, à l'échelle européenne, le gouvernement français s'est engagé à ne jamais donner son accord en ce qui concerne les prolongations d'autorisation de mise sur le marché pour des produits dont les substances actives sont très préoccupantes. Grâce à cette ligne de conduite, quatorze autorisations ne furent pas renouvelées en 2018.

Le gouvernement actuel s'est également fixé pour but de faire en sorte que la France devienne le premier pays européen en matière d'agriculture biologique en convertissant 15 % de la surface agricole nationale en bio d'ici 2022. Mais également en mettant en avant la certification Haute Valeur environnementale (HVE) de

---

[77]A. Carpon, « Dans l'Eure, Emmanuel Macron en promoteur de l'agro-écologie », 12 janvier 2021, Terre-net Média

niveau trois, en ayant pour objectif d'obtenir en 2022, près de 5 000 exploitations labellisées.

Enfin, autre politique mise en œuvre par l'Etat français pour favoriser la diffusion de l'agroécologie est le plan « France relance » de septembre 2020. Dans le cadre des trois objectifs de ce plan, l'un d'entre eux porte sur « l'accélération de la transition agroécologique en vue d'un système alimentaire local, durable et fournissant une alimentation saine ». Autrement dit, ce plan de relance prévoit notamment de diminuer l'emploi des produits phytosanitaires en offrant des aides financières aux agriculteurs pour investir dans du matériel plus respectueux de l'environnement, comme pour des pulvérisateurs agricoles (matériel qui permet d'épandre les pesticides) qui évitent d'avoir une grande dérive de la pulvérisation.

En outre, la France s'est engagée à diffuser l'agroécologie à l'international en se réunissant avec plusieurs acteurs étrangers (associations, ministres d'Etat, fondations, ONG, entreprises, chercheurs…) lors du « One Planet Summit ». Ce sommet a été créé en 2017 sous l'impulsion du président de la République Emmanuel Macron, du président du groupe Banque mondiale, Jim Kim, et du secrétaire général des Nations Unies, Antoni Guterres, afin de pouvoir mener des actions contre le changement climatique à l'échelle mondiale.

En effet, le dernier sommet, qui a eu lieu le 11 janvier 2021 à Paris, avait pour thème la biodiversité. Il a réuni plusieurs personnalités internationales, dont les plus éminents furent le secrétaire Général des Nations Unis, le président de la Commission européenne, le président de la Banque mondiale, ainsi que onze chefs d'Etat.

Au programme de cette réunion, il y avait quatre sujets majeurs tels que « la protection des forêts, des espèces et la santé humaine », « la préservation des espaces terrestres et marins », « la mobilisation des financements pour la biodiversité », et surtout, « la promotion de l'agro-écologie[78] ».

Sur ce dernier thème, qui nous intéresse plus particulièrement, ce sommet fut donc l'occasion de rappeler l'importance de préserver l'environnement dans sa globalité. En effet, pour garantir la santé humaine, il faut préserver la faune et la flore, les forêts, les milieux marins, les ressources naturelles, c'est-à-dire l'ensemble des écosystèmes, afin de s'assurer de la durabilité de notre système agricole et alimentaire. Ainsi, à l'issue de ce sommet un engagement international a été pris en matière d'agroécologie. Par exemple, pour la France en 2022, 7 000 km de haies vont pouvoir être plantés le long des terres agricoles.

En outre, un autre engagement a été pris par l'Etat français à la suite du « One Planet Summit », par l'intermédiaire de la « stratégie nationale pour les protéines végétales 2020-2030[79] ». Ce programme a pour ambition que la France ne soit plus dépendante des importations de céréales riches en protéines, et notamment celle de soja en provenance du Brésil, responsable d'une des plus grandes catastrophes écologiques, la déforestation massive de la forêt amazonienne.

Dans ce but, cette stratégie prévoit de développer l'autonomie alimentaire des exploitations d'élevages. Ainsi que d'augmenter la production de légumineuse en France. Il s'agira notamment de cultiver pour l'alimentation animale du soja, des pois, des féveroles, du lupin, de la luzerne, du sainfoin, du lotier, du trèfle, et de la vesce. Concernant l'alimentation humaine, il est prévu de

---

[78]https://www.elysee.fr/emmanuel-macron/2021/01/12/one-planet-summit-des-engagements-pour-agir-en-faveur-de-la-biodiversite

[79]A. Carpon, « Dans l'Eure, Emmanuel Macron en promoteur de l'agro-écologie », 12 janvier 2021, Terre-net Média

favoriser les cultures de lentilles, pois chiches, haricots, petits pois, pois cassés et fèves, afin d'assurer une alimentation saine et durable. D'autant plus, que ce type de culture présente l'avantage d'enrichir le sol en azote.

Par conséquent, depuis 2012, l'Etat français a fait de l'agroécologie un incontournable de sa politique agricole. La France est donc irrémédiablement engagée dans la transition agroécologique, et en se basant sur ses principes fondamentaux que sont l'environnement, le social et l'économie.

Ainsi, au regard de sa capacité à pouvoir créer un système alimentaire durable, en préservant les ressources naturelles, tout en permettant une gestion efficiente de celles-ci pour la production agricole, l'agroécologie est apparue comme la solution alternative à l'agriculture intensive la plus pertinente, afin de répondre aux enjeux du changement climatique, de la dégradation de l'environnement, et de la croissance démographique. Compte tenu de l'état alarmant des milieux naturels, le développement de l'agroécologie est donc devenu urgent.

Cet impératif n'est pas passé inaperçu aux yeux des pouvoirs publics. En effet, l'Union Européenne, mais également l'Etat français, ont décidé d'impulser la transition agroécologique du secteur agricole, grâce à différents programmes politiques que ce soit par l'intermédiaire de la PAC depuis 2013, ou par le biais du projet agroécologique français depuis 2012 afin de « produire autrement[80] », le plan de relance, ou le « One Planet Summit ». Ces différentes politiques ont donc

[80] T. Doré, S. Bellon, *Les mondes de l'agroécologie*, Quae, 2019, page 62

permis d'engager le territoire européen, dont la France, dans la voie de la conversion agroécologique de son agriculture (partie 1). Par ailleurs, afin de mettre en œuvre cette transition, une certification environnementale, qualifiée d'agroécologique et intitulée Haute Valeur environnementale, fut créée afin de permettre aux agriculteurs de certifier à leurs clients, qu'ils inscrivent leur production dans une démarche agroécologique. Ce label fait partie de la politique de l'Etat français pour accélérer la transition agroécologique, en augmentant le nombre d'entreprise agricole certifiée d'ici 2022.

Cependant, il s'avère que ce label ne serait pas en accord avec les principes agroécologiques. En revanche, d'autres labels, comme le biologique, permettent de véritablement diffuser ce modèle agricole, et ainsi de contribuer à la transition agroécologique (partie 2).

Partie 2

L'intensification de l'écolabellisation au mépris de l'agroécologie

L'agroécologie ne correspond pas à un seul type d'agriculture. En effet, on retrouve les pratiques culturales agroécologiques au sein de plusieurs exemples d'agriculture, tels que l'agriculture biologique, le zéro labour, ou encore la permaculture. Par ailleurs, certains d'entre eux font l'objet de certification qui permette de prouver leur démarche durable et respectueuse de l'environnement auprès du consommateur. C'est notamment le cas de la certification environnementale ou label HVE, qui a été créée par l'Etat français, afin de permettre une large diffusion des pratiques agroécologiques au sein du secteur agricole. Cependant, il s'avère que ce label ne serait qu'un outil marketing et non un véritable outil servant la transition agroécologique (chapitre 1).

Malgré cela, d'autres écolabels plus respectueux des principes de l'agroécologie, peuvent être mis en avant, afin de faciliter la conversion de l'agriculture française (chapitre 2).

Chapitre 1

Le « greenwashing » de la certification environnementale

Le label HVE (haute valeur environnementale) fut créé afin de favoriser la transition agroécologique en permettant aux agriculteurs, ayant une démarche agroécologique, de pouvoir valoriser leurs efforts, et leurs produits auprès de leur clientèle (section 1). Cependant, il s'avère que cette certification n'oblige pas véritablement les producteurs à se convertir à l'agroécologie. En effet, le HVE est accusé d'être un « label de greenwashing[81] ». Autrement dit, un « écoblanchiment[82] », que cette certification ne serait qu'un outil marketing et de communication pour les entreprises du secteur agricole, afin de se donner une bonne image, de se « blanchir », auprès du consommateur, en affirmant qu'elles sont respectueuses de l'environnement et qu'elles protègent la biodiversité, alors qu'en réalité ce n'est pas le cas. C'est la raison pour laquelle, ce label nécessite d'être modifié pour qu'il puisse produire de réels effets en pratique (section 2).

---

[81]« La Conf' dénonce un dévoiement du cahier des charges HVE », 3 décembre 2020, Delphine Jeanne, Terre-net Média, https://www.terre-net.fr/actualite-agricole/politique-syndicalisme/article/la-conf-denonce-un-devoiement-du-cahier-des-charges-hve-205-174286.html

[82]Wikipédia

Section 1 : L'apparente promotion de l'agroécologie grâce au label HVE

1. *La création d'un label agroécologique*

La certification environnementale fait partie intégrante de la politique de l'Etat français en matière de transition agroécologique. En effet, elle a émergé lors du Grenelle de l'Environnement en 2007.

Puis, son cadre juridique a été créé par la loi n° 2010-788 en date du 12 juillet 2010, portant engagement national pour l'environnement, et qui a inséré dans le code rural et de la pêche maritime, l'article L 611-6. Puis, il fut modifié par l'article 47 de la loi du 30 octobre 2018, pour l'équilibre des relations commerciales dans le secteur agricole et alimentaire et une alimentation saine, durable et accessible à tous (EGALIM).

À la suite de la loi EGALIM, cet article dispose que ce label correspond au fait que « les exploitations agricoles utilisant des modes de production particulièrement respectueux de l'environnement peuvent faire l'objet d'une certification qui comporte plusieurs niveaux d'exigences environnementales dont le plus élevé repose sur des indicateurs de performance environnementale et ouvre seul droit à la mention exploitation de haute valeur environnementale. Cette certification concourt de façon majeure à la valorisation de la démarche agroécologique mentionnée au II de l'article L. 1. Les modalités de certification des exploitations ainsi que, le cas échéant, le niveau correspondant à une haute valeur environnementale, les modalités de contrôle applicables, les conditions d'agrément des organismes chargés de la mise en œuvre, les mentions correspondantes et leurs conditions d'utilisation sont précisés par décret ».

Dans le cadre du projet agroécologique français mise en œuvre par l'ancien ministre de l'Agriculture, Stéphane Le Foll en 2012, cette certification environnementale a été élaborée afin de promouvoir l'agroécologie au sein de l'ensemble des filières agricoles (arboriculture, viticulture, agriculture céréalière…). Il s'agit de certifier l'entreprise agricole dans sa globalité. Autrement dit, même si le producteur a différents types de culture comme des arbres fruitiers, de la vigne, ou des légumes, le label HVE s'appliquera pour l'ensemble.

En revanche, c'est uniquement une démarche volontaire de la part des producteurs. Et ils peuvent être certifiés soit individuellement, soit au sein d'un collectif.

En outre, les articles D 617-1 à D 617-27 du code rural et de la pêche maritime, issus du décret du 20 juin 2011 et celui du 30 décembre 2016, prévoient les conditions d'obtention de la certification environnementale (critères, obligations à respecter, procédure…).

En effet, cette certification se divise en trois niveaux. Sachant que le troisième niveau, qui est censé être le plus exigeant, est celui correspondant au label HVE.
Concernant le premier niveau, prévu par l'article D 617-2 du code rural et de la pêche maritime, le producteur agricole doit démontrer son respect de la réglementation environnementale.

Pour cela, il doit effectuer un bilan qui prouve qu'il respecte les conditions de l'article 93 du règlement européen n° 1306/2013 du Parlement européen et du Conseil du 17 décembre 2013 relatif à l'environnement, au changement climatique, à la santé végétale ; « et, si l'exploitation y est soumise au titre de ce règlement, aux bonnes conditions agricoles et environnementales des terres[83] ». La seconde condition pour pouvoir être certifié

[83]Article D 617-2 du code rural et de la pêche maritime

du premier niveau, est qu'il doit réaliser « une évaluation de l'exploitation au regard du référentiel de deuxième niveau mentionné à l'article D. 617-3 ou au regard des seuils de performance environnementale de troisième niveau mentionnés à l'article D. 617-4 ».

Ensuite, pour pouvoir obtenir la certification du second niveau, intitulée « certification environnementale de l'exploitation », il est nécessaire de respecter les seize exigences (des obligations de moyens) du « référentiel établi par un arrêté du ministre chargé de l'Agriculture et du ministre chargé de l'Environnement[84] » en date du 20 juin 2011. Celles-ci renvoient à quatre thématiques, telles que le dispose l'article D 617-3 du code rural et de la pêche maritime.

Tout d'abord, l'agriculteur devra « identifier et protéger, sur l'exploitation, les zones les plus importantes pour le maintien de la biodiversité[85] ». En second lieu, il doit avoir une utilisation adaptée des produits phytosanitaires « en fonction de la cible visée[86] ». Ensuite, il doit faire un usage raisonné des fertilisants, c'est-à-dire que les apports doivent correspondre « aux besoins des plantes, (afin) de garantir un rendement et une qualité satisfaisants tout en limitant les fuites vers le milieu naturel[87] ».

Enfin, il faut avoir une gestion efficiente de la ressource hydrique. Autrement dit, il faut irriguer en tenant compte « de l'état hydrique du sol et des besoins de la plante[88] ».

Voici quelques-unes des seize exigences du référentiel, qui sont comprises dans ces quatre thématiques, devant être respectées sous peine de ne pas obtenir la certification de

[84] Article D 617-3 du code rural et de la pêche maritime.
[85] Article D 617-3 du code rural et de la pêche maritime
[86] *Loc.cit.*
[87] *Loc.cit.*
[88] Article D 617-3 du code rural et de la pêche maritime

niveau deux. La première exigence est de posséder les documents permettant de déterminer la localisation des terres avec un enjeu environnemental, ou encore, la onzième exigence est d'enregistrer pour chaque parcelle chacun des apports d'intrants (engrais) avec la date, la quantité de phosphore et d'azote, le type de culture et de fertilisant.

D'autre part, pour être certifié « exploitation de haute valeur environnementale », c'est-à-dire le troisième niveau, prévu par l'article D 617-4 du code rural et de la pêche maritime, il faut que l'ensemble de l'entreprise agricole ait atteint les « seuils de performance environnementale[89] » (il s'agit d'obligations de résultat) requis dans quatre domaines : « la biodiversité, la stratégie phytosanitaire, la gestion de la fertilisation, la gestion de la ressource en eau[90] ».

Grâce à ce troisième niveau, il est possible pour l'agriculteur d'écrire sur l'étiquette de ses produits (issus de sa propre production), sa publicité et autres documents commerciaux, la mention « exploitation de haute valeur environnementale » (article D 617-4 et article L 641-19-1 du code rural et de la pêche maritime).

De plus, ce troisième niveau se divise en deux voies : la voie A et la voie B. L'intérêt de ces deux options est de permettre d'adapter le label HVE aux différents territoires qui doivent être certifiés.

L'option A correspond à une conception thématique, dans laquelle quatre indicateurs doivent être atteints par le producteur pour pouvoir être certifié. En effet, chaque indicateur comporte plusieurs thématiques qui seront

[89]Article D 617-4 du code rural et de la pêche maritime

[90]« Guide de sensibilisation à la certification haute valeur environnementale de l'IFV », page 5, https://www.vignevin.com/wp-content/uploads/2019/03/IFV-guide-HVE-16_DEF1.pdf

évaluées, afin d'obtenir une note. Celle-ci doit être supérieure à 10 pour chacun des indicateurs. Tout d'abord, il s'agit d'évaluer la biodiversité, en tenant compte de la diversité végétale par exemple. Le second indicateur est la stratégie phytopharmaceutique qui tient compte de l'enherbement, du taux de fréquence des traitements, l'usage des méthodes naturelles de lutte contre les ravageurs comme le biocontrôle. Le troisième indicateur concerne la gestion de la fertilisation, c'est-à-dire qu'on évalue par exemple la couverture des sols. Enfin, le dernier correspond à la gestion de l'irrigation, dans lequel sera évalué le matériel par exemple, ou encore les outils d'aide à la décision.

L'option B est plutôt dans une démarche globale. Autrement dit, pour accorder le label HVE, on se concentre davantage sur le fait de savoir si une entreprise agricole est autonome par rapport aux intrants qu'elle utilise. Pour cela, on utilise deux indicateurs de mesure. Le premier est relatif à « la part des infrastructures agroécologiques (IAE)[91] ». Cette dernière doit être supérieure ou égale à « 10 % de la surface agricole utile (SAU) ou les prairies permanentes de plus de cinq ans supérieure ou égale à 50 % de la SAU[92] ». Le second indicateur est le « poids des intrants[93] » qui doit être inférieur ou égal à 30 % du chiffre d'affaires.

Par ailleurs, le gouvernement a pour ambition de démocratiser ce label HVE grâce à une politique d'intensification de labellisation. En effet, c'est une ambition que s'est fixée l'Etat depuis les États Généraux de

[91]« Guide de sensibilisation à la certification haute valeur environnementale » de l'IFV, page 7, https://www.vignevin.com/wp-content/uploads/2019/03/IFV-guide-HVE-16_DEF1.pdf
[92] *Loc.cit.*
[93] *Loc.cit.*

l'alimentation de 2017. De ce fait, il soutient le développement de cette certification grâce à la loi EGALIM, au plan de relance et à la loi de finance pour 2021, qui prévoient un crédit d'impôt pour soutenir les entreprises labellisées HVE. Ainsi que, le plan biodiversité du 4 juillet 2018, dans lequel a été fait le choix de certifier près de 15 000 entreprises agricoles d'ici 2022, et 50 000 pour 2030.

On a pu constater dernièrement le succès de cette politique, puisqu'au 1er janvier 2018, il y avait 841 entreprises certifiées HVE. De plus, le 1er janvier 2020, le nombre d'exploitations était de 5 399, alors que le 1er juillet 2020, il a été enregistré 8 218 entreprises agricoles labélisées HVE. Depuis le début de l'année 2020, il y a donc eu une augmentation des certifications de l'ordre de 52.2 %[94]. Ce qui ne représente pas moins de 366 325 hectares (1.35 %) de la surface agricole utile (SAU) nationale[95]. Cette évolution concerne toutes les filières agricoles, mais celle qui est la plus labélisée est la filière viticole avec 6 699 entreprises en 2020, et il y a également la filière de viande bovine qui se tourne de plus en plus vers cette certification, avec près de 159 exploitations.

[94]https://agriculture.gouv.fr/la-haute-valeur-environnementale-un-dynamisme-confirme-plus-de-8-200-exploitations-certifiees
[95]https://agriculture.gouv.fr/les-chiffres-cles-de-la-haute-valeur-environnementale-hve

2. Quelques lacunes de la certification environnementale

D'autre part, la loi EGALIM a également prévu à son article 48, le moyen d'élargir le champ d'action de la certification environnementale, en l'imposant dans les cahiers des charges des signes de l'origine et de la qualité. Cet article dispose qu'« [...] un décret fixe les conditions dans lesquelles, au plus tard le 1er janvier 2030, les signes d'identification de la qualité et de l'origine mentionnés au 1° de l'article L. 640-2 du code rural et de la pêche maritime intègrent dans leurs cahiers des charges les dispositions pour que les exploitations concernées répondent aux exigences prévues pour faire l'objet de la certification prévue à l'article L. 611-6 du même code [...]».

Ceci a pour but de diffuser l'agroécologie à l'ensemble de la filière agricole (élevage, fromage) et ainsi, être certain que les signes de l'origine et de la qualité (ceux prévus par l'article L 640-2 du code rural et de la pêche maritime) vont s'adapter aux nouvelles exigences environnementales. Cependant, on peut se demander si cela ne comporte pas le risque de créer de la confusion entre une certification environnementale et un signe de l'origine et de la qualité. Surtout aux yeux du consommateur qui ne saurait pas faire la distinction, et pourrait croire que le label HVE correspond à une qualité caractéristique du produit, surtout s'il est écrit « issus d'une exploitation de haute valeur environnementale ». Alors qu'en réalité le HVE permet de certifier uniquement une entreprise et ses pratiques, et non pas son produit.

D'autre part, une autre carence de ce label est qu'étant une spécificité française, il n'existe pas à l'international. Il ne bénéficie donc d'aucune reconnaissance juridique à l'étranger. Les produits certifiés et exportés ne pourront donc pas être valorisés auprès du consommateur. Cependant, puisqu'à l'avenir la certification environnementale devra être intégrée au cahier des charges des signes de l'origine et de la qualité, ne faudrait-il pas à l'avenir, inclure dans les négociations des accords bilatéraux ou multilatéraux, la reconnaissance du label HVE, afin de permettre aux producteurs de valoriser économiquement leurs efforts environnementaux, même à l'exportation.

Par ailleurs, le label HVE apporte une réponse aux attentes des consommateurs pour une alimentation issue d'une production respectueuse de l'environnement.

Le fait pour un producteur d'être écolabellisé lui offre la possibilité d'établir un lien de confiance avec le consommateur, car le cahier des charges du label garantit la transparence de ses pratiques dans le cadre de sa production. Les consommateurs ont la possibilité de s'informer librement sur les modalités de production mises en œuvre. Ainsi, il n'y a plus cette disparité d'information entre l'agriculteur et son client. De ce fait, grâce à cette garantie d'avoir un produit respectueux de l'environnement, cela rapproche le client des producteurs, et cela leur offre des opportunités commerciales, c'est-à-dire accéder à de nouveaux marchés, de nouvelles débouchées pour leurs marchandises.

En effet, le label HVE peut être un véritable outil de communication pour une entreprise agricole. Comme, avec la baguette « Epi Toué[96] » qui existe depuis septembre 2020. Il s'agit d'un pain créé par un ensemble d'acteurs locaux du Cher et de l'Indre : quinze boulangeries, deux agriculteurs céréaliers, et un meunier. Ce projet a été créé à l'initiative des deux agriculteurs, afin de valoriser leurs exploitations céréalières certifiées en

[96]https://agriculture.gouv.fr/epi-toue-la-baguette-100-locale-produite-partir-de-ble-issu-dexploitation-certifiee-haute-valeur

HVE, et de trouver des débouchées locales pour leur blé. C'est donc une baguette entièrement locale.

Il est vrai que ce label offre de nouvelles opportunités commerciales aux agriculteurs. Lesquels en cette période de pandémie, ont besoin de trouver de nouveaux arguments de vente pour se valoriser et se démarquer auprès de leurs clients. Cependant, à vouloir en faire un simple instrument de marketing et de communication, afin de démocratiser le concept d'agroécologie auprès du consommateur, on en oublie le véritable objectif de ce label, qui est la mise en œuvre de ce modèle agricole pour protéger l'environnement, restaurer la biodiversité, et la fertilité des sols, avoir une agriculture durable…

Certes on a pu constater ces derniers mois, une intensification de l'écolabellisation, mais à quelles conditions s'est-elle réalisée ?

On a pu constater que l'option B du troisième niveau du label HVE, est beaucoup moins exigeante en termes de conditions de certification, que ne l'est l'option A. Il est donc plus aisé pour un producteur, d'obtenir la certification HVE de niveau trois, qui normalement doit être la plus stricte et la plus difficile à acquérir.

De plus, le cahier des charges de ce label autorise toujours l'emploi des produits phytopharmaceutiques. L'usage de pesticides, même si c'est un usage limité, et raisonné, va à l'encontre des principes agroécologiques, lesquels préconisent de maîtriser la population de ravageurs des cultures en établissant un équilibre entre fertilité du sol, diversité végétale, et agroforesterie (des haies, bandes enherbées), ainsi que d'utiliser des substances naturelles à base de plante ou des insectes pour lutter contre les parasites. Par ailleurs, pourquoi autoriser l'utilisation de produits phytosanitaires dans le cadre du label HVE, alors que d'autres certifications qui ont également pour objet la protection de l'environnement et les changements des pratiques agricoles, comme le label biologique, interdisent d'utiliser des produits phytopharmaceutiques. On a donc un label plus ancien que le HVE, qui respecte davantage l'agroécologie que celui qui est censé le promouvoir.

Le label HVE ne serait-il pas qu'une simple apparence de transition agroécologique ? Ce sont les raisons pour lesquelles, la certification environnementale fait l'objet d'une forte désapprobation (section 2).

Section 2 : Une certification environnementale désapprouvée

1. *Des critiques toujours plus nombreuses*

Le label HVE de niveau trois est envisagé dans le futur plan stratégique national, comme condition à respecter pour que les agriculteurs puissent bénéficier des aides de la PAC de 2023, dans le cadre des éco-régimes. C'est justement ce qui inquiète les détracteurs de cette certification.

En effet, la future PAC doit permettre d'engager une véritable transition agroécologique. Or, le cahier des charges du label HVE trois (ainsi que les deux autres niveaux) ne respecte pas les principes agroécologiques, alors comment pourrait-il aider les agriculteurs à entamer la conversion vers l'agroécologie.

D'autre part, ce label ne semble pas faire l'unanimité chez les agriculteurs qui considèrent, qu'il ne s'agit que d'une nouvelle procédure administrative longue et coûteuse, qui ne leur garantit en rien d'avoir un revenu plus important. Il est vrai que le montant à payer à l'organisme certificateur est au minimum de 500 €, sans compter qu'il faudra, par la suite, payer les contrôles. Si par exemple, un producteur cumule un label rouge, une IGP et le label HVE, cela peut lui coûter très cher. Certains agriculteurs considèrent que cette certification apporte davantage de contraintes que des avancées pour le secteur agricole.

Au cours de l'année 2020 et 2021, on a pu constater que le label HVE prenait de plus en plus d'importance sur le marché de l'alimentation. Cependant, les critiques à son encontre n'en sont que plus fortes, surtout concernant le niveau trois du label HVE, car il est censé être une certification exigeante du point de vue environnemental.

2. Un cahier des charges peu exigeant en matière environnementale

En effet, le niveau un n'impose que de respecter la réglementation, et le niveau deux ne soumet les producteurs qu'à une obligation de moyens. Aucun de ces deux premiers niveaux de certification n'impose d'avoir des résultats concrets en matière de protection de l'environnement ou de la biodiversité.

Concernant l'option A du troisième niveau, même si sur le fond, les indicateurs retenus sont utiles, et peuvent permettre de contribuer à une transition agroécologique. Le seuil d'exigence étant différent selon la catégorie d'indicateur, il est donc possible d'obtenir des points dans différentes catégories, et grâce au système d'équivalence, on peut obtenir la certification. De ce fait, la voie A est peu exigeante en matière environnementale. Cela ne permet donc pas d'imposer aux agriculteurs de faire de véritables changements au sein de leurs exploitations, et finalement, ce label contribue faiblement à la transition agroécologique.

Par exemple, l'indicateur portant sur la gestion de la ressource hydrique, et notamment en ce qui concerne l'irrigation, permet d'obtenir des points dès lors que le producteur adhère à une démarche collective ou qu'il utilise des outils d'aide à la décision. Mais il n'y a aucune exigence de matériels à utiliser comme un goutte-à-goutte, ou d'une stratégie de gestion raisonnée de la ressource hydrique par rapport aux besoins des plantes ou de l'état du sol. C'est donc davantage une obligation de moyen qu'une obligation de résultat.

De plus, l'option A permet également l'emploi de produits phytopharmaceutiques, même les substances les plus dangereuses (légalement autorisées), comme les produits cancérigènes, mutagènes et reprotoxiques (CMR) (définis à l'article R 4412-60 du code du travail). Ce qui n'est pas compatible avec le concept d'agroécologie. En effet, dans le cadre de l'indicateur sur l'usage des produits phytopharmaceutiques, il comprend plusieurs catégories qui permettent d'obtenir 30 points au total. Il ne s'agit pas seulement de la fréquence des traitements, mais également en ce qui concerne l'agroéquipement. Autrement dit, il est évalué si ce matériel permet par exemple de réduire la dérive lors de l'épandage. Il ne s'agit donc pas réellement d'une obligation de résultat mais de moyen.

Pourtant l'association nationale pour le développement de la certification HVE affirme que ce n'est pas la fonction de cette certification de transformer les pratiques en la matière, mais celui du label biologique[97]. Pourtant c'est bien là un des objectifs de l'agroécologie que de ne plus recourir aux intrants chimiques. C'est donc une négation de ce qu'est véritablement l'agroécologie.

Il est également possible de constater que l'option B est inadaptée à la transition agroécologique.

En effet, les critères de cette option ne permettent pas de faire la distinction entre les exploitations qui ont une véritable démarche agroécologique, qui changent véritablement leur manière de produire, et celles qui se contentent, de ne faire que peu de modifications à leurs pratiques pour pouvoir obtenir la certification.

---

[97]https://www.quechoisir.org/actualite-label-haute-valeur-environnementale-greenwashing-de-l-agriculture-intensive-n87083/

Ceci s'explique du fait que l'option B a notamment pour critère que le montant des dépenses en intrants ne doit pas dépasser 30 % du chiffre d'affaires de l'exploitation. Cela permet non seulement de connaître l'importance de leur empreinte environnementale sur leur territoire, mais également de vérifier l'indépendance du producteur par rapport aux intrants de synthèse (engrais, produits phytosanitaires) et pour les élevages, c'est par rapport à leurs achats de nourriture importée. Mais ce seuil est valable pour toutes les filières, il n'est pas proportionnel à l'activité exercée. Ce n'est donc pas révélateur pour savoir si une entreprise agricole va vers la diminution de ses intrants ou non. En effet, selon le réseau d'information comptable agricole (RICA), la part des produits achetés (pesticides, alimentation animale…), dans le chiffre d'affaires représente un petit pourcentage selon le type de production, comme pour un élevage de vache à viande, où en moyenne cela représente 50 %, alors qu'en viticulture, cela correspond généralement à 14 %.

D'autre part, le second critère n'est pas plus exigeant. Ce critère correspond au fait que les infrastructures agroécologiques doivent représenter, soit un pourcentage supérieur à 10 % de la surface agricole utile, soit une surface de prairies permanentes supérieure à 50 % de la surface agricole utile. Par exemple, une infrastructure agroécologique peut correspondre au fait de planter des haies aux abords des champs.

Le seuil de surface au mètre carré d'une infrastructure agroécologique retenu pour obtenir les points, est celui qui était admis pour la conditionnalité de la PAC entre 2007 et 2013. C'est-à-dire un mètre de linéaire de haie équivaut à 100 mètres carrés. Alors que celui de la PAC 2023, est qu'un mètre de linéaire de haie équivaut à 10 mètres carrés. L'option B est donc bien plus avantageuse que ne l'est la future PAC. Ce label français est donc moins exigeant en matière environnementale que ne l'est la Commission européenne. On peut même dire qu'il ne sera pas adapté à la future PAC, alors même que l'Etat envisage de faire du label HVE une condition d'obtention des aides PAC.

En outre, ce label HVE est présenté comme étant une transition vers la certification biologique. Ce qui permet aux agriculteurs d'adhérer à une certification écologique moins exigeante que le label bio, pour valoriser leur travail. Même si du point de vue des producteurs cela est compréhensible de souhaiter valoriser au mieux leurs produits en leur trouvant de nouvelles débouchées, et en augmentant les prix, sans avoir besoin d'investir dans des changements de pratiques culturales radicalement opposées à l'agriculture conventionnelle, qui demandent beaucoup de temps et d'argent. Cela n'empêche pas de constater que ce label n'est pas conforme à l'agroécologie et qu'il ne s'agit que de donner une image agroécologique à un label.

De ce fait, pour le moment, le cahier des charges du label HVE ne permet pas de le présenter comme un outil convaincant pour accompagner les agriculteurs vers la transition agroécologique.

C'est pour ces raisons, qu'il faudrait envisager de supprimer l'option B, et de modifier le cahier des charges de l'option A, notamment en ce qui concerne les seuils, afin que le label HVE devienne une véritable certification agroécologique, et qu'elle n'en ait pas simplement l'apparence.

Ainsi, malgré un cahier des charges comportant des critères adaptés à la transition agroécologique, il s'avère également qu'ils ne sont pas suffisamment contraignants ou exigeants pour considérer la certification HVE de niveau trois (ainsi que les deux autres niveaux) comme le moyen permettant de labelliser l'agriculture agroécologique. En effet, ce label n'est pas en adéquation avec les principes agroécologiques. Il ne prend ni en compte le stockage du carbone, ni le changement climatique. Certes il tient compte de la biodiversité mais d'un autre côté, il autorise l'utilisation des produits phytosanitaires. C'est justement l'un des éléments qui contribue à menacer la biodiversité.

Donc les agriculteurs sont toujours dépendants de l'agro-industrie. Ils ne peuvent pas évoluer dans leur revenu s'ils dépensent toujours autant pour les produits phytosanitaires et les agroéquipements.

De ce fait, toutes ces lacunes dans le cahier des charges du HVE trois options A et B, ne permettent pas de trouver un équilibre entre l'environnement, l'économie et le social. On est donc toujours sur un modèle agricole industriel, qui commence à prendre en compte l'environnement, mais ce n'est pas de l'agroécologie. Cependant, il faut tout de même souligner que ce label constitue une base intéressante pour la transition agroécologique en France. Mais il devra être revu dans les années à venir afin d'atteindre les objectifs espérés.

Pour l'instant, le label HVE n'est donc pas suffisamment convaincant pour accompagner l'agriculture française vers la durabilité (chapitre 1). Cependant, il existe d'autres écolabels qui, certes se concentrent que sur certains aspects de l'agroécologie, mais ils sont en adéquation avec ses principes (chapitre 2).

Chapitre 2

Une « intensification écologique » permise par d'autres écolabels

« L'intensification écologique » correspond « à la gamme de moyens à mobiliser en priorité pour transformer l'agriculture par l'agroécologie[98] ». Parmi ces moyens, il y a l'agriculture biologique qui respecte les piliers fondamentaux de l'agroécologie (section 1), ainsi que d'autres écolabels comme le label bas-carbone (section 2).

Section 1 : La certification biologique en accord avec l'agroécologie

1. *Une agriculture très tôt reconnue*

La certification biologique est apparue vers 1920, grâce à un groupement de médecins, de consommateurs, de producteurs, et d'agronomes. Ils ont établi un nouveau modèle agricole qui base ses pratiques culturales sur

[98] « L'Agroécologie pour la sécurité alimentaire et la nutrition », Compte-rendu du Symposium international de la FAO 18 au 19 septembre 2014, Rome, Italie : http://www.fao.org/3/i4729f/i4729f.pdf

l'autonomie des agriculteurs, le « respect des équilibres naturels[99] », et travailler le sol.

Cependant, même si l'agroécologie et le bio sont apparus en même temps, le bio a été plus rapidement reconnu par les états et encadré juridiquement. Notamment, il existe un cahier des charges, le *Codex Alimentarius,* qui réglemente l'agriculture biologique à l'échelle mondiale, et qui est accepté par l'ensemble de la communauté internationale. Ce codex, également appelé « code alimentaire », « est un ensemble de normes, de lignes directrices et de codes d'usages adoptés par la Commission du Codex Alimentarius[100] ». Il a été créé en 1963, par la FAO (Organisation des Nations Unies pour l'Alimentation et l'Agriculture) et l'OMS (Organisation mondiale de la santé). Il a pour but d'assurer une alimentation saine et accessible à tous. Pour cela, il prévoit des normes pour « protéger la santé des consommateurs et assurer des pratiques loyales dans le commerce des produits alimentaires[101] », au niveau international. Ces textes concernent « l'hygiène alimentaire, les additifs alimentaires, les résidus de pesticides et de médicaments vétérinaires, les contaminants, l'étiquetage et la présentation, les méthodes d'analyse et d'échantillonnage, et l'inspection et la certification des importations et des exportations[102] ».

Ce codex a vocation à s'appliquer à l'ensemble des denrées alimentaires transformées ou non, à destination de la consommation humaine. Dans le cadre de l'agriculture biologique, ce codex prévoit, depuis 2007, un ensemble de directives portant sur la « production, la transformation,

---

[99]« qu'est-ce que l'agriculture biologique ? » https://agriculture.gouv.fr/quest-ce-que-lagriculture-biologique

[100] http://www.fao.org/fao-who-codexalimentarius/home/fr/

[101]http://www.fao.org/fao-who-codexalimentarius/about-codex/fr/#c453333

[102] idem

l'étiquetage et la commercialisation des aliments issus de l'agriculture biologique[103] ».

De ce fait, ce type d'agriculture a été reconnue très tôt par l'Etat français avec la loi d'orientation agricole de juillet 1980, et considère qu'il s'agit d'une « agriculture n'utilisant pas de produits chimiques, ni pesticides de synthèse[104] ». Puis ce fut également le cas au niveau de l'Union Européenne, grâce à un règlement européen en date du 24 juin 1991. Ce texte a donc permis d'harmoniser l'agriculture biologique pour l'ensemble des États membres, et a servi de base pour élaborer la politique française en matière d'agriculture biologique, en élaborant le programme AgriBio en 2000.

Par la suite, il y a eu un nouveau règlement européen du 28 juin 2007 (CE n° 834/2007) sur « la production biologique et l'étiquetage des produits biologiques », accompagné par des règlements d'application du 5 septembre et 8 décembre 2008. Ces derniers prévoient notamment, « les listes positives des produits » autorisées en agriculture biologique comme en matière de traitements ou de fertilisants. En effet, chaque substance utilisée doit non seulement être naturelle, mais surtout elles doivent avoir obtenu au préalable, une autorisation de mise sur le marché (de la part de l'ANSES au niveau national), et être réalisées uniquement à partir des produits autorisés et prévus par la liste du règlement. Celui-ci a également permis de définir les bases du contrôle, sanction, certification et étiquetage, et celles en matière de production, d'importation, d'élevage, et de distribution.

De ce fait, ce mode de culture étant reconnu dans l'ensemble de l'Union Européenne, un produit certifié bio

---

103 http://www.fao.org/3/a1385f/a1385f.pdf

104 Agence bio.fr

dans l'un des États membres pourra donc être commercialisé sur tout le territoire européen.

D'autre part, la réglementation européenne en agriculture biologique a connu des évolutions avec l'adoption par la Commission européenne d'un règlement de base n° 2018/848 du 30 mai 2018 relatif à la production biologique et à l'étiquetage des produits biologiques. Lequel a récemment fait l'objet d'un règlement d'exécution n° 2020/464, en date du 26 mars 2020, « portant certaines modalités d'application du règlement (UE) 2018/848 du Parlement européen et du Conseil en ce qui concerne les documents nécessaires à la reconnaissance rétroactive des périodes de conversion, la production de produits biologiques et les informations communiquées par les États membres[105] ».

Par ailleurs, l'agriculture biologique est un signe de l'origine et de la qualité comme le dispose l'article L 641-13 du code rural. En effet, il s'agit pour cette certification de garantir la qualité du produit et des modalités de transformation, de production qui respectent l'environnement, préservent la biodiversité, et assurent le bien-être animal. Il existe le label agriculture biologique avec le logo « AB » au niveau national, et le logo de l' « Eurofeuille » à l'échelle européenne.

Cette agriculture concerne à la fois les productions animales (seulement depuis le 24 août 2000, car initialement le règlement européen ne concernait que la production végétale) et végétales. Les produits pouvant faire l'objet d'une certification sont notamment ceux destinés à l'alimentation humaine ou animale, les

---

[105]https://eur-lex.europa.eu/legal-content/FR/TXT/?uri=CELEX:32020R0464

semences, le « matériel de reproduction végétative », et « les produits agricoles vivants ou non transformés[106] ».

Concernant l'ensemble des productions agricoles, ce type d'agriculture connaît un grand succès en France ces dernières années. En effet, selon l'Agence Bio, il y a 8.5 % de la surface agricole française qui était en bio en 2019, ce qui représente 2.3 millions d'hectares, alors qu'en 2014, il n'y avait que 1.1 millions d'hectares en bio[107]. De plus, selon ce rapport de 2019, il y a eu pas moins de 70 322 organismes agricoles certifiés en bio, dont 47 196 agriculteurs. Ainsi, le marché français du bio est en pleine expansion puisque par rapport à 2018, il y a une augmentation de 13.5 % en 2019, soit un marché de 11.93 milliards d'euros.

À l'échelle de l'Union Européenne, l'agriculture biologique connaît également une certaine prospérité avec 13.8 millions d'hectares, soit environ 325 000 exploitations, en 2018.

2. La complémentarité de deux modèles agricoles

Par ailleurs, « l'agriculture biologique est vue comme un label fondé sur les principes de l'agroécologie[108] ». Même Agrisud, qui est une ONG intervenant dans les pays de la zone sud, pour permettre aux paysans locaux de vivre de leurs terres de manière autonome grâce aux principes agroécologiques, considère que l'agriculture biologique est « une voie avancée dans une trajectoire

---

[106] *Loc.cit.*

[107] file:///C:/Users/amand/Downloads/dp-agence-bio-chiffres-2019_def.pdf

[108] T.Caquet, C. Gascuel, M. Tixier-Boichard et coord., *Agroécologie : des recherches pour la transition des filières et des territoires*, Quae, 2020

agroécologique[109] ». Par ailleurs, les plus fervents défenseurs du bio affirment que c'est un modèle agroécologique. En effet, elle fonde sa pratique sur la préservation de la qualité de l'air, de la fertilité des sols, de la biodiversité, et de la ressource hydrique.

D'autre part, les deux modèles possèdent des différences dans le sens où, l'agroécologie ne correspond pas à un seul type d'agriculture. La permaculture, l'agriculture de conservation ou encore le zéro labour sont des agricultures agroécologiques. À l'inverse l'agriculture biologique ne renvoie qu'à une seule pratique agricole, le bio. De plus, l'agroécologie prend en compte aussi les aspects économiques et sociaux, ce qui n'est pas le cas du bio.

Par conséquent, il ne faut pas considérer que l'agriculture biologique est issue de l'agroécologie, qu'elle en dépend, et que tous ses principes en découlent. Au contraire, il faut voir que l'agriculture biologique entretient une relation étroite avec l'agroécologie. Ces deux modèles poursuivent des principes et des objectifs communs, et peuvent donc se combiner. En effet, toutes deux recherchent la diversité biologique (animale et végétale), accompagner la transition vers une agriculture durable et respectueuse de l'environnement, recréer du lien entre les agriculteurs et leurs clients, ainsi qu'avec l'ensemble de la population, restaurer ou maintenir la fertilité des sols, contrôler la population de parasites et les maladies grâce aux interactions biologiques, entre les haies, les bandes enherbées, le sol, et les champs, et en utilisant des variétés adaptées au milieu.

Ce qui illustre d'autant plus cette symbiose, c'est que dans son cahier des charges l'agriculture biologique a interdit de cultiver des OGM, mais surtout, l'emploi des

---

109 T. Doré, S. Bellon, *Les mondes de l'agroécologie*, Quae, 2019, page 47

produits phytosanitaires et les engrais de synthèse est prohibé, afin de préserver la santé des utilisateurs, des consommateurs, ainsi que l'environnement.

De ce fait, n'ayant plus à disposition tous ces produits les agriculteurs biologiques agissent davantage en amont pour prévenir les maladies, et les parasites. C'est pourquoi l'article 12 du règlement du 28 juin 2007 prévoit les principes essentiels à respecter en matière de protection biologique. De ce fait, ils privilégient des semences qui ont été sélectionnées (issues d'une plante mère non OGM, et cultivées de manière biologique) pour ce mode de culture, afin d'être plus résistantes aux maladies, ou encore des produits biologiques pour lutter contre les ravageurs des cultures. Ils ont également des pratiques culturales, semblables à celles préconisées en agroécologie, telles que la rotation des cultures, la plantation de haies, et de bandes enherbées ou encore avec la création de prairies. En outre, ils réalisent davantage de travail mécanique, notamment pour le désherbage, en travaillant le sol (exemple : binage), mais certains ont réfléchi à d'autres solutions notamment en utilisant une désherbeuse mécanique qui ne travaille pas le sol en profondeur, ou encore en mettant du paillage.

En revanche, le cahier des charges de l'agriculture biologique prévoit une exception à ce principe de prohibition des produits chimiques. Il s'agit du cas où la culture est menacée d'être perdue et qu'il n'y a pas d'autres alternatives que de faire usage d'un produit phytosanitaire. En revanche, il est formellement interdit de faire usage d'herbicide, et il n'y a aucune exception possible.

Cette exception est prévue à l'article 5, alinéa 1 du règlement d'application du 5 septembre 2008 relatif à la « lutte contre les ravageurs, les maladies et les mauvaises herbes ». En effet, il autorise l'usage de produits phytopharmaceutiques uniquement dans le cas où aucun moyen de lutte biologique (cités précédemment) n'ont permis de protéger la culture. Néanmoins, les produits utilisables dans une telle situation, restent limités à ceux prévus par l'annexe II de ce règlement, comme le dispose cet article 5, alinéa 1 : « 1. Lorsque les mesures prévues à l'article 12, paragraphe 1, points a), b), c) et g), du règlement (CE) no 834/2007 ne suffisent pas à protéger les végétaux contre les ravageurs et les maladies, seuls les produits énumérés à l'annexe II du présent règlement peuvent être utilisés dans la production biologique. Les opérateurs conservent des documents justificatifs attestant la nécessité de recourir à ces produits. »

Ainsi, cette annexe prévoit trois catégories de substances actives autorisées. Il s'agit des substances « d'origine animale et végétale », des « micro-organismes ou substances produites par des micro-organismes », et « autres que celles mentionnées[110] » précédemment. De ce fait, ce ne sont pas des produits chimiques qui peuvent être utilisés.

D'autre part, l'emploi de ces produits de synthèse « doit être justifié et limité[111] ». En effet, il ne doit s'agir que d'un usage pour lutter contre des maladies ou des ravageurs pour lesquels il n'existe pas encore de solutions biologiques, « physiques ou par sélection des végétaux ou autres méthodes de gestion efficaces[112] ».

La majorité des pratiques de l'agriculture biologique sont donc en accord avec l'agroécologie et ses objectifs, puisqu'elles sont favorables à la préservation de la biodiversité grâce au non-usage de pesticides chimiques, au maintien des prairies… Ce qui permet de préserver la ressource hydrique et d'avoir une diversité biologique importante comme les vers de terre, les abeilles, ou encore

---

[110]file:///C:/Users/amand/Downloads/Guide_Intrants_Inao_Mai2018%20(1).pdf, page 16

[111] *Loc.cit.*

[112] *Loc.cit.*

les coccinelles, qui sont également très utiles aux agriculteurs pour réguler la population de ravageurs. Cela est aussi très bénéfique pour la fertilité des sols, grâce aux vers de terre et aux autres micro-organismes vivants du sol, à l'épandage de matière compostée, mais également avec la rotation des cultures qui évite d'appauvrir le sol en nutriments, ou encore avec la culture de légumineuses qui enrichissent le sol en azote.

D'autre part, l'agriculture biologique, tout comme l'agroécologie contribue à lutter contre le changement climatique, non seulement grâce à l'utilisation de substance naturelle et non polluante, mais également avec le stockage du carbone dans le sol avec des prairies permanentes, la conservation des haies et bandes enherbées.

En outre, ces deux modèles se complètent d'autant plus qu'il est possible pour un producteur ayant des pratiques agroécologiques d'obtenir le label bio, et de pouvoir ainsi valoriser ses produits auprès de sa clientèle.

Ainsi, l'agriculture biologique est en accord avec l'agroécologie et ses principes. Elles sont mêmes complémentaires, et poursuivent des objectifs communs de protection de l'environnement, de préservation de la biodiversité et de lutte contre le changement climatique. Par conséquent, le label bio est davantage agroécologique que ne l'est le label HVE, surtout sur le niveau des exigences environnementales, notamment avec l'interdiction de l'usage des produits phytosanitaires et des engrais de synthèse, une rotation des cultures plus longues… (section 1).

Cependant, d'autres écolabels ayant pour objet de mettre en œuvre certains aspects de l'agroécologie, ont fait leur apparition ces dernières années (section 2).

Section 2 : La promotion de nouveaux labels agroécologiques

1. Le label bas-carbone

Tout d'abord, il y a le label bas-carbone qui fut créé par l'Etat grâce à un décret du 28 novembre 2018, et un arrêté de la même date qui définit le référentiel du label. Afin de permettre, notamment aux agriculteurs, de faire certifier et donc de valoriser économiquement leurs pratiques permettant de stocker le carbone dans le sol, afin de réduire les émissions de gaz à effet de serre.

Il s'agit de la première certification ayant pour but de lutter contre le changement climatique. Elle a été créée suite à la stratégie nationale bas-carbone (SNBC).

D'autre part, il a pour objet de contribuer à la création de projets favorisant la réduction des gaz à effet de serre et le stockage du carbone dans le sol, par rapport à une référence. En effet, les personnes physiques ou morales qui se soumettent volontairement aux exigences du label bas-carbone, doivent réduire leurs émissions de gaz à effet de serre en fonction d'une « situation de référence[113] ». Autrement dit, pour pouvoir obtenir le label bas-carbone, il est nécessaire que le porteur de projet démontre que son projet est « additionnel[114] ». Cela signifie qu'il a des objectifs qui sont supérieurs à ceux des « pratiques usuelles[115] » et de la réglementation nationale.

Mais cette démonstration ne suffit pas pour l'obtenir. Il est également nécessaire d'utiliser l'une des méthodes validées par l'Etat (qui prévoit selon les projets, les modalités de calcul des réductions des émissions, ainsi que

---

[113]https://www.i4ce.org/wp-core/wp-content/uploads/2020/06/Guide-p%C3%A9dagogique_LBC-Mai-2020.pdf, page 5

[114] *Loc.cit.*

[115] *Loc.cit.*

pour établir la situation de référence), et d'avoir une argumentation approfondie, qui sera examinée, puis autorisée par le ministère de la Transition écologique et solidaire.

Cependant, il est nécessaire de faire attention au fait que ce label n'existe pas pour certifier qu'une entreprise ou une collectivité territoriale comme étant neutre au niveau de son bilan carbone. Il s'agit plutôt d'un « label projet[116] ».

Effectivement, il n'a pour objet que de certifier des projets de diminution du carbone par rapport à un scénario de référence. Le projet en question peut aboutir à la mise en place de nouvelles pratiques, d'attitudes, à l'utilisation de nouvelles technologies, ou encore de mécanismes qui permettent la réduction des émissions du carbone.

Ce label permet donc à l'entreprise ou à l'organisme certifié d'être rémunéré pour la quantité de carbone non émise ou stockée dans le sol.

Ainsi, le label bas-carbone est en adéquation avec l'agroécologie puisqu'il prévoit d'agir sur quatre thématiques que sont la préservation de la ressource hydrique, la santé, la biodiversité, assurer la qualité alimentaire et la qualité de l'air.

Pour cela, cette certification demande au secteur agricole de contribuer à la diminution du carbone dans l'atmosphère en créant ou en conservant des prairies permanentes ; en assurant la fertilité du sol ; en utilisant moins d'engrais grâce à des cultures qui enrichissent le sol en azote par exemple, telles que les pois ou la luzerne ; en pratiquant l'agroforesterie. Mais également pour les élevages, ce label leur demande d'être autonome pour subvenir aux besoins alimentaires de leurs animaux, afin de limiter les importations de soja en provenance d'Amérique du Sud notamment.

---

[116] *Ibid*, page 6

2. *Le label à « haute valeur naturelle »*

Par ailleurs, un autre écolabel est à privilégier pour diffuser l'agroécologie. Il s'agit du label pour une agriculture à « haute valeur naturelle ».

C'est un label ancien, issu de réflexion à l'échelle européenne et qui date des années 1990, et qui a des difficultés à se démocratiser. Pourtant, il est en accord avec les principes agroécologiques et mériterait une politique permettant de le développer.

À l'échelle nationale, il est prévu par le règlement de développement rural de 2007-2013, puis dans celui de la période 2014-2020.

En effet, cette agriculture HVN (haute valeur naturelle) recherche à intégrer la protection de l'environnement dans le cadre du processus de production agricole. Ce type d'agriculture a commencé à être prise en compte par la politique agricole commune (dans le cadre du second pilier) en 1993. De ce fait, certains auteurs ont commencé à la définir comme des « systèmes de production […] à bas niveau d'intrants, ce qui implique le plus souvent une interaction complexe avec l'environnement naturel. Ils conservent des habitats importants, tant sur les terres cultivées que pâturées […] qu'en matière d'éléments fixes du paysage tels les haies, […] qui, historiquement, étaient intégrés dans les systèmes de production. […][117] ».

Mais ce n'est que plus tard, en 2003, qu'une nouvelle définition servira de base à l'agriculture HVN. C'est la définition d'Andersen (université de Copenhague). Selon cet auteur, « les terres agricoles à Haute Valeur Naturelle comprennent les zones en Europe où l'agriculture est un mode majeur d'utilisation du sol (généralement le mode

---

[117]https://agriculture.gouv.fr/sites/minagri/files/documents/pdf/12-08_Agriculture-HVN-France_2014-09_Rapport-principal_version-web_cle4ecc69.pdf, page 12

dominant) et où cette agriculture favorise ou est associée avec soit une grande diversité d'espèces et d'habitats, soit la présence d'espèces dont la conservation revêt un intérêt européen et/ou national et/ou régional, soit les deux[118] ».

À partir de cette définition, Andersen va établir une typologie de l'agriculture HVN, afin qu'elle puisse être mise en œuvre dans l'ensemble du territoire européen. Il a posé les bases de l'agriculture HVN, et elle sert aujourd'hui de référence à l'ensemble des acteurs dans ce domaine. Il s'agit de définir trois types de zones agricoles et de décrire leurs spécificités agricoles, c'est-à-dire si cette catégorie de territoire est préférable pour cultiver des céréales ou pour faire de l'élevage. Ces descriptions sont accompagnées d'exemples d'espèces animales ou végétales présentes dans ce milieu.

Sur le fondement de cette typologie, il a été déterminé trois critères principaux de l'agriculture HVN. Il s'agit d'établir les « caractéristiques d'une agriculture à faible intensité[119] », c'est-à-dire en fonction de la quantité d'azote présente par hectare, ou encore du nombre d'unités de bétail par hectare.

Le second critère est la « forte diversité du couvert général[120] ». Autrement dit, il s'agit de déterminer s'il y a des jachères, des zones enherbées, des pâturages…

Enfin, le troisième critère fait référence à « la proportion élevée de végétation semi-naturelle[121] », relative aux arbres, aux abords des champs enherbés, à l'existence de zone aquatique (mare, étang…).

---

[118] *Ibid*, page 13

[119]https://agriculture.gouv.fr/sites/minagri/files/documents/pdf/12-08_Agriculture-HVN-France_2014-09_Rapport-principal_version-web_cle4ecc69.pdf, page 18

[120] *Loc.cit.*

[121] *Loc.cit.*

Ainsi, au regard de l'agroécologie, l'agriculture HVN est une vision globale, à l'échelle régionale d'un territoire agricole et de ses interactions avec les éléments qui le composent. Et ce type d'agriculture agroécologique est également basé sur des critères qui prennent en compte la diversité biologique (végétale et animale), qui utilise qu'une faible quantité d'intrants, met en œuvre le couvert végétal, afin de préserver les ressources naturelles et notamment la ressource hydrique et le sol. Cette agriculture prend ainsi en compte les interactions au sein de l'agroécosystème, afin de trouver un équilibre entre ses différents éléments.

Malgré le fait que l'agriculture HVN soit en accord avec l'agroécologie, il s'avère qu'elle reste peu développée en France. Elle reste cantonnée à certains territoires. Certainement parce qu'il est plus aisé de la mettre en œuvre dans des milieux qui présentent déjà des éléments naturels comme des pâturages ou des prairies.

En effet, selon une étude du ministère de l'Agriculture de 2010[122], 18 % de la surface agricole utile (SAU) était en HVN, soit près de cinq millions d'hectares de la SAU. Ces surfaces sont en grande majorité des prairies permanentes et la culture du fourrage en zone de montagne, ainsi que dans les zones humides, comme les marais du Cotentin, ou encore dans les territoires avec des plateaux, tel que le plateau lorrain.

Ainsi, bien que l'agriculture HVN soit agroécologique, avec des critères environnementaux suffisamment exigeants, elle n'apparaît pas attractive pour les agriculteurs, qui privilégient le bio, et plus récemment le HVE. Ce qui est regrettable au regard de son intérêt notable, notamment au niveau de la prise en compte de la biodiversité, ou encore des faibles quantités d'intrants. Il

122 *Loc.cit.*

serait donc nécessaire d'avoir une politique agricole à l'échelle nationale, qui favorise davantage le HVN, notamment dans le cadre de la conditionnalité des aides de la PAC. Cela conviendrait plus aux exigences environnementales de la Commission européenne pour la future PAC 2023.

Bien que certaines de ces certifications créées par l'Etat ne parviennent pas à atteindre l'objectif d'une transition vers une agriculture durable, il existe des initiatives privées dans ce domaine. C'est notamment le cas avec la création récente du label « zéro résidu de pesticides ».

3. *Le label « zéro résidu de pesticides »*

Le label « zéro résidu de pesticides » (ZRP) fut créé en 2018, par le collectif « Nouveaux Champs », qui regroupe un ensemble de 6 000 producteurs français, surtout issus de la filière fruits et légumes. En effet, ce collectif a permis de rassembler pas moins de 25 % de la production nationale.

En à peine trois ans, ce label connaît un succès grandissant. Selon un sondage en date de mars 2021 du groupement « les producteurs engagés », ce label serait connu par 30 % des Français. De plus, son chiffre d'affaires a augmenté de 24 % entre 2019 et 2020, soit environ 115 millions d'euros sur les deux années.

Son cahier des charges a été élaboré sur la base de celui de la certification HVE. En revanche, à l'inverse du HVE, même s'il n'interdit pas l'utilisation de produits phytosanitaires, le label ZRP impose des obligations de résultat en matière de réduction des pesticides. En effet, le cahier des charges du label ZRP prévoit d'engager les producteurs à n'avoir aucun résidu de substances actives dans leurs produits alimentaires. Selon l'ANSES, « un résidu est une substance présente sur ou dans un produit alimentaire, suite à l'application de produits pesticides, biocides ou à l'utilisation de médicaments vétérinaires[123] ».

Il vise donc une limite bien inférieure à celle prévue par l'Union Européenne qui a déterminé une limite maximale de résidus (LMR), telle que prévue par le règlement n° 470/2009 du Parlement européen et du Conseil, en date du 6 mai 2009, et du règlement n° 37/2010 de la Commission européenne du 22 décembre 2009, relatif aux substances pharmacologiquement actives et à leur classification en ce qui concerne les limites maximales de résidus dans les aliments d'origine animale. Ce dernier prévoit deux tableaux comprenant les produits autorisés avec une limite de résidu (par exemple pour la substance abamectine présente dans les élevages bovins, la limite est de 20 microgrammes par kilogramme dans le foie du bovin), ainsi que les produits interdits, dans le cadre de l'alimentation humaine.

Ainsi, afin d'atteindre cet objectif de zéro résidu, ce label vise d'atteindre une « limite de quantification[124] », c'est-à-dire un seuil en dessous duquel il devient difficile de quantifier les matières actives chimiques. Actuellement, les producteurs certifiés ZRP ont l'obligation à l'issue des analyses menées par un laboratoire certifié COFRAC, d'obtenir une quantité de résidu qui est inférieure à cette limite, soit à 0,01 mg/kg.

Pour cela, il est prévu une liste, sur laquelle est référencé l'ensemble des matières prohibées dans le cadre de ce label. Il s'agit notamment des « substances actives analysées dans le cadre des plans de surveillance résidus[125] » dont la

---

[123]https://www.anses.fr/fr/content/limites-maximales-de-r%C3%A9sidus-ou-lmr-de-m%C3%A9dicament-v%C3%A9t%C3%A9rinaire

[124] https://www.nouveaux-champs.fr/cahier-des-charges/

[125] https://www.nouveaux-champs.fr/cahier-des-charges/

composition est mise à jour tous les ans. Cette liste est ensuite divisée en deux catégories. La première concerne « les substances actives homologuées[126] » et celles déchues de leur autorisation de marché. La seconde concerne « les substances actives recherchées dans le cadre des plans d'autocontrôle[127] ». Cette liste principale est également accompagnée de trois autres listes relatives aux « substances actives de la famille des néonicotinoïdes[128] », aux « substances actives décriées[129] », et enfin, « les substances actives susceptibles de générer des résidus en raison de l'existence d'autres cultures dans l'environnement proche de la culture engagée en « zéro résidu de pesticides », y compris les éventuels traitements sur les plants[130] ». D'autre part, ce label peut contribuer à la transition agroécologique car il est également dans une approche globale de l'agriculture. Autrement dit, il envisage l'ensemble du processus de production, au travers de neuf pratiques agricoles, comme, mettre en œuvre la lutte biologique pour la protection des cultures, ou encore protéger la biodiversité, et adapter ses pratiques agricoles à son milieu.

Ainsi, ce label issu d'une initiative privée, est plus exigeant en matière de protection de l'environnement que le label HVE. Étant donné sa rigueur, et qu'il est issu de l'expérience de terrain de ses fondateurs, il pourrait donc servir de référence pour la refonte du cahier des charges de la certification environnementale (HVE), afin que ce dernier corresponde davantage aux ambitions de résultats de la PAC 2023.

---

[126] *Loc.cit.*
[127] *Loc.cit.*
[128] *Loc.cit.*
[129] *Loc.cit.*
[130] *Loc.cit.*

Conclusion

Ainsi, l'agroécologie est un modèle agricole qui permet de garantir un système alimentaire durable, tout en préservant les ressources naturelles (préservation de la biodiversité…). Il permet donc de lutter contre le changement climatique.

Conscientes des intérêts que présente le modèle agroécologique, compte tenu des défis environnementaux (pollution, dégradation de la biodiversité, réchauffement climatique, catastrophes naturelles fréquentes...), les politiques publiques européennes et nationales ont décidé d'intégrer à leur politique agricole, la transition agroécologique. Notamment, pour la Commission européenne, par l'intermédiaire de la future PAC qui entrera en vigueur en 2023, et pour la France, grâce au projet agroécologique mis en œuvre depuis 2012.

Par ailleurs, la politique française entend accélérer la transition agroécologique grâce au label HVE (haute valeur environnementale). Pour cela, l'Etat a mis en place, dans le cadre du plan de relance, un crédit d'impôt pour les exploitations certifiées HVE, afin de récompenser et d'inciter d'autres agriculteurs à se convertir au HVE.

Il s'avère que cette politique de développement du label HVE est payante, puisque le nombre de certifiés ne cesse d'augmenter depuis le début de l'année 2020.

Cependant, cette intensification de l'écolabellisation n'est pas réalisée selon les principes de l'agroécologie. Elle ne contribue que très peu à la transition agroécologique.

En effet, malgré les trois niveaux de certification, les exigences environnementales restent trop faibles pour avoir de véritables effets en pratique. Les deux premiers niveaux du HVE n'imposent que des obligations de moyens et de respecter la réglementation. Le troisième niveau de la certification est censé être le plus exigeant en matière de protection de l'environnement. Pourtant les seuils retenus sont insuffisants pour imposer de véritables changements aux agriculteurs. Avec ce cahier des charges, il est tout à fait possible pour certains producteurs d'obtenir le label sans pour autant avoir eu à effectuer de grandes modifications dans leurs pratiques agricoles.

C'est la raison pour laquelle, cette certification est qualifiée de « label de greenwashing », car il se donne l'apparence de respecter les principes agroécologiques, en prenant en compte la biodiversité, et la protection des ressources naturelles, mais en réalité cela est très insuffisant pour pouvoir être qualifié de label agroécologique. En effet, cette certification permet de continuer à utiliser des produits phytosanitaires, tout en ayant une image d'agriculture « verte ».

Cette absence d'une agriculture véritablement agroécologique, s'explique du fait que l'on souhaite modifier notre agriculture tout en conservant notre modèle économique actuel, mondialisé, et à augmenter les rendements. Or, ce n'est pas possible.

De ce fait, ce label ne prend pas en compte tous les piliers de l'agroécologie. Certes il tient compte de l'environnement, mais ce n'est pas le cas du social, ni de l'économie.

En effet, l'humain est au cœur du modèle agroécologique, c'est-à-dire que l'agriculteur doit pouvoir vivre de sa terre et être autonome. Mais comment peut-il devenir indépendant s'il continue d'utiliser des intrants chimiques, et donc à rester dépendant de l'agro-industrie.

D'autre part, l'agroécologie doit permettre d'améliorer le revenu du producteur, mais comment cela est-il possible, si non seulement ses dépenses en intrants ne diminuent pas, mais surtout si le système économique ne change pas.

L'agroécologie doit permettre de mettre fin à une agriculture industrialisée et mondialisée, qui souhaite toujours plus de rendement, pour être rentable. Or, en suivant les pratiques culturales agroécologiques, il y aura inévitablement une diminution importante des rendements. Alors de quelle façon garantir un revenu suffisant aux agriculteurs convertis, si les prix des produits agricoles dépendent toujours du cours mondial et de ses fluctuations, qui ne permettent pas de valoriser financièrement ces efforts agroécologiques.

L'agriculture agroécologique n'est pas adaptée à une économie mondialisée à outrance, il faut revenir à une échelle locale. Le modèle économique doit évoluer si on veut que la transition agroécologique puisse aboutir.

C'est la raison pour laquelle, si on souhaite que le label HVE soit réellement agroécologique, il faut non seulement réviser son cahier des charges pour qu'il soit plus exigeant en matière de préservation de l'environnement et pour amorcer un véritable changement dans les pratiques culturales actuelles. Mais surtout qu'il prend en compte les autres principes de l'agroécologie, et notamment l'économie.

En revanche, d'autres écolabels peuvent garantir non seulement une meilleure protection de la biodiversité et des ressources naturelles, tout en assurant une valorisation économique. C'est notamment le cas de la certification biologique. Celle-ci est en accord avec les principes agroécologiques et a un cahier des charges suffisamment exigeant en matière d'écologie. De plus, les producteurs certifiés sont certains d'avoir des débouchées au niveau local, national, voire européen (grâce à l'harmonisation par les règlements), car ce label lui permet d'augmenter les prix. Or, pour le HVE, il n'y a encore aucunes certitudes à ce sujet, notamment en raison du fait qu'il est encore très peu connu par les consommateurs, et qu'il ne bénéficie d'aucun règlement européen.

Le label bio répond davantage aux ambitions de l'agroécologie que le label HVE. Certains suggèrent même qu'il serait préférable d'avoir une politique qui favoriserait plus le bio que le HVE.

Il y a également d'autres écolabels qui s'avèrent être prometteurs en matière de transition agroécologique. C'est notamment le cas, du label bas-carbone qui permet de récompenser les pratiques permettant de réduire les émissions de gaz à effet de serre et de stocker le carbone dans les sols, ou encore du label « à haute valeur naturelle » qui garantit une agriculture en accord avec les principes agroécologiques. Cependant, ce dernier n'est pas encore assez développé en France, ce qui est regrettable compte tenu de son potentiel. Il mériterait d'être davantage valorisé.

Enfin, malgré les lacunes du HVE, des initiatives privées s'en sont servies comme base pour créer un cahier des charges plus strict en matière environnementale. Comme, le label « zéro résidu de pesticides », dont on peut s'inspirer pour modifier le cahier des charges du HVE.

Bibliographie

Les dictionnaires

CORNU (G.),
– *Vocabulaire juridique*, 11ème édition, PUF, 2016

Les ouvrages

BOURGUIGNON (L., C.),
– *Manifeste pour une agriculture durable,* Actes sud, 2017

RABHI (P.),
– *L'agroécologie, une éthique de vie*, Actes sud, 2015

DORE (T.), BELLON (S.),
– *Les mondes de l'agroécologie*, Quae, 2019

MERAL (P.), PESCHE (D.),
– *Les services écosystémiques : repenser les relations nature et société*, Quae, 2016

CAQUET (T.), GASCUEL (C.) et TIXIER-BOICHARD (M.), coord.,
– *Agroécologie : des recherches pour la transition des filières et des territoires,* Quae, 2020

Les articles

RAFFRAY (R.),

– « Dossier - Expression et diffusion de l'agroécologie : certification environnementale obligatoire pour les signes d'identification de la qualité et de l'origine », Droit rural, n° 472, avril 2019

DEGOFFE (M.)

– « Fasc. 3760 : Règles de bonnes pratiques agricoles », JurisClasseur Environnement et Développement durable, 3 janvier 2012

ANDRIEUX (A.)

– « Fasc. 20 : Qualités des produits. – Labels et certifications », JurisClasseur Rural, 20 octobre 2020

ROMI (R.)

- « Fasc. 3775 : Agriculture biologique », JurisClasseur Environnement et Développement durable, 3 mai 2016

GADBIN (D.),

- « Le Pacte vert, chance ou menace pour la PAC ? », Droit rural, n° 486, octobre 2020, étude 28

PETIT (Y.),

- « Pacte vert, PAC et biodiversité : la nécessité d'une entente plus cordiale », Droit rural, n° 486, octobre 2020, étude 29

PETIT (Y.),

- « L'architecture écologique de la future PAC », Droit rural, n° 482, avril 2020, étude 14

Textes officiels

Le Code rural et de la pêche maritime, 2020

Les sites internet

- INAO : https://www.inao.gouv.fr/
- Ministère de l'Agriculture, et de l'alimentation : https://agriculture.gouv.fr/
- Agence Bio : https://www.agencebio.org/
- CAP Eye : https://capeye.fr/
- « Il était une fois la PAC » : https://www.iletaitunefoislapac.com/
- INRAE : https://www6.inrae.fr/
- FAO : http://www.fao.org/
- Vigne et vin : https://www.vignevin.com/
- Terre-net.fr : https://www.terre-net.fr/
- Vitisphère : https://www.vitisphere.com
- Actu-environnement : https://www.actu-environnement.com
- Pierre Rabhi : http://www.pierrerabhi.org
- IDDRI : https://www.iddri.org
- ANSES : https://www.anses.fr/
- Collectif Nouveaux Champs : https://www.nouveaux-champs.fr/
- Chambres d'agriculture : https://chambres-agriculture.fr/
- Commission européenne : https://ec.europa.eu/info/index_fr
- Association nationale pour le développement de la certification Haute Valeur Environnementale : https://hve-asso.com/la-hve/
- Journal de l'environnement : https://www.journaldelenvironnement.net/
- Cour des comptes de l'Union Européenne : https://www.eca.europa.eu/

Tables des matières

Structures éditoriales du groupe L'Harmattan

L'Harmattan Italie
Via degli Artisti, 15
10124 Torino
harmattan.italia@gmail.com

L'Harmattan Hongrie
Kossuth l. u. 14-16.
1053 Budapest
harmattan@harmattan.hu

L'Harmattan Sénégal
10 VDN en face Mermoz
BP 45034 Dakar-Fann
senharmattan@gmail.com

L'Harmattan Cameroun
TSINGA/FECAFOOT
BP 11486 Yaoundé
inkoukam@gmail.com

L'Harmattan Burkina Faso
Achille Somé – tengnule@hotmail.fr

L'Harmattan Guinée
Almamya, rue KA 028 OKB Agency
BP 3470 Conakry
harmattanguinee@yahoo.fr

L'Harmattan RDC
185, avenue Nyangwe
Commune de Lingwala – Kinshasa
matangilamusadila@yahoo.fr

L'Harmattan Congo
219, avenue Nelson Mandela
BP 2874 Brazzaville
harmattan.congo@yahoo.fr

L'Harmattan Mali
ACI 2000 - Immeuble Mgr Jean Marie Cisse
Bureau 10
BP 145 Bamako-Mali
mali@harmattan.fr

L'Harmattan Togo
Djidjole – Lomé
Maison Amela
face EPP BATOME
ddamela@aol.com

L'Harmattan Côte d'Ivoire
Résidence Karl – Cité des Arts
Abidjan-Cocody
03 BP 1588 Abidjan
espace_harmattan.ci@hotmail.fr

Nos librairies en France

Librairie internationale
16, rue des Écoles
75005 Paris
librairie.internationale@harmattan.fr
01 40 46 79 11
www.librairieharmattan.com

Librairie des savoirs
21, rue des Écoles
75005 Paris
librairie.sh@harmattan.fr
01 46 34 13 71
www.librairieharmattansh.com

Librairie Le Lucernaire
53, rue Notre-Dame-des-Champs
75006 Paris
librairie@lucernaire.fr
01 42 22 67 13

www.ingramcontent.com/pod-product-compliance
Lightning Source LLC
LaVergne TN
LVHW051404061026
849535LV00009B/3354
* 9 7 8 2 1 4 0 2 7 8 2 3 5 *